Kallias
ou
Sobre a beleza

Coleção ESTÉTICAS
direção: Roberto Machado

Kallias ou Sobre a beleza
Friedrich Schiller

Ensaio sobre o trágico
Peter Szondi

Friedrich Schiller

Kallias
ou
Sobre a beleza

A correspondência entre Schiller e Körner,
janeiro-fevereiro de 1793

Tradução e introdução
Ricardo Barbosa

Jorge Zahar Editor
Rio de Janeiro

Jorge Zahar Editor Ltda.
rua México, 31 sobreloja
20031-144 Rio de Janeiro, RJ
tel.: (21) 2240-0226 / fax: (21) 2262-5123
e-mail: jze@zahar.com.br
site: www.zahar.com.br

Capa: Isabella Perrotta/Hybris Design

CIP-Brasil. Catalogação-na-fonte
Sindicato Nacional dos Editores de Livros, RJ.

Schiller, Friedrich, 1759-1805
S362k Kallias ou sobre a beleza: a correspondência entre Schiller e Körner, janeiro-fevereiro 1793 / Friedrich Schiller; tradução e introdução Ricardo Barbosa. — Rio de Janeiro: Jorge Zahar Ed., 2002
(Estéticas)

Apêndice
Inclui bibliografia
ISBN 85-7110-679-7

1. Schiller, Friedrich, 1759-1805 — Correspondência. 2. Körner, Christian Gottfried, 1756-1831 — Correspondência. 3. Estética. 4. Escritores alemães — Correspondência. I. Körner, Christian Gottfried, 1756-1831. II. Barbosa, Ricardo. III. Título. IV. Título: A correspondência entre Schiller e Körner, janeiro-fevereiro 1793. V. Série

CDD 836
02-1444 CDU 830-6

Sumário

Introdução

Kallias ou sobre a beleza
A correspondência entre Schiller e Körner em janeiro e fevereiro de 1793

A correspondência mantida por Friedrich Schiller com seu amigo Christian Gottfried Körner em janeiro e fevereiro de 1793 é certamente "o primeiro testemunho de um confronto independente de Schiller com a *Crítica da faculdade do juízo* de Kant",[1] pois o que salta aos olhos desde o início é seu esforço de repensar — com Kant e contra Kant — os fundamentos da estética como uma disciplina filosófica autônoma. Essas cartas contêm as linhas centrais de uma obra que Schiller planejara sobre os fundamentos do gosto, do belo e da arte — *Kallias ou sobre a beleza* — enquanto oferecia preleções de estética a um pequeno grupo de ouvintes. Dada a importância desse material, tornado conhecido apenas a partir de 1847, quando a correspondência entre Schiller e Körner foi integralmente publicada pela primeira vez, ele passou a figurar como uma obra autônoma em algumas edições dos escritos de Schiller e mesmo em volumes isolados, sob o título do livro a que deveria servir de base.

Os estudos kantianos de Schiller, especialmente suas repetidas leituras da *Crítica da faculdade do juízo* (1790), encontram-se bem documentados sobretudo em sua correspondência com Körner. Assim, já a 5 de março de 1791, ou seja, pouco depois da publicação dessa obra, Schiller lhe escreve de Iena:

> Você não adivinha o que leio e estudo agora? Nada menos do que *Kant*. Sua *Crítica da faculdade do juízo*, que adquiri, me estimula através do seu conteúdo pleno de luz e rico em

espírito, e me trouxe o maior desejo de me familiarizar aos poucos com a sua filosofia. Pelo meu pouco conhecimento de sistemas filosóficos, a *Crítica da razão [pura]* e mesmo alguns escritos de Reinhold* ser-me-iam agora ainda demasiado difíceis e me tomariam muito tempo. Mas como já tenho pensado muito por mim mesmo sobre estética e nisso sou ainda mais versado empiricamente, progrido com mais facilidade na *Crítica da faculdade do juízo* e começo a conhecer muito sobre as representações kantianas, pois nessa obra ele se refere a elas e aplica muitas idéias da *Crítica da razão [pura]* à *Crítica da faculdade do juízo*. Em suma, pressinto que Kant não é para mim uma montanha intransponível, e certamente ainda me envolverei com ele com mais exatidão. Como no próximo inverno lecionarei estética, isso me dá a oportunidade de dedicar algum tempo à filosofia em geral.[2]

Esse curso de estética foi temporariamente suspenso e realizado apenas no semestre de inverno de 1792-93. Ainda assim — embora também por isso mesmo —, Schiller manteve seu plano de leituras. A 1º de janeiro de 1792, comunicou a Körner que se ocupava "com grande zelo" da filosofia de Kant: "Minha decisão, irrevogavelmente concebida, é a de não deixá-la até que eu a tenha penetrado, mesmo que isso possa me custar três anos."[3] Seu plano de leituras, no entanto, era mais amplo, pois revelava que gostaria de se haver ao mesmo tempo com Locke, Hume e Leibniz. Em meados de março, Schiller foi dispensado de suas atividades acadêmicas previstas para o semestre de verão, dado o seu estado de saúde. Contudo, retomou o estudo da terceira Crítica no final de maio,[4] aprofundando-o em outubro: "Estou enfiado até as orelhas na *[Crítica da] faculdade do juízo* de Kant. Não

* Karl Leonard Reinhold (Viena, 1758 — Kiel, 1823) era o principal professor de filosofia da Universidade de Iena e o mais famoso kantiano da Alemanha. Por intermédio do duque de Augustenburg, deixou Iena em 1794 para lecionar em Kiel. Sua cátedra foi assumida pelo jovem Johann Gottlieb Fichte.

sossegarei até que tenha penetrado nessa matéria e que ela se tenha tornado alguma coisa em minhas mãos."[5] Schiller estava especialmente preocupado com esses estudos, pois o curso de estética que planejara oferecer no semestre seguinte já havia sido anunciado e começaria a 5 de novembro. No dia seguinte ao da primeira preleção, ele comunicou a Körner suas impressões iniciais e as expectativas que tinha quanto aos efeitos que a pesada carga de trabalho exigida pela preparação das aulas teriam sobre suas próprias reflexões:

> Comecei agora meu *privatissimum* sobre estética. Como não posso observar a praxe, preciso me esforçar bastante para ter material suficiente para quatro a cinco horas semanais. Além disso, vejo pelas primeiras preleções quanta influência este *Collegium* terá na retificação do meu gosto. O material se acumula quanto mais eu progrido, e já cheguei a muitas idéias plenas de luz.[6]

Como o estado de saúde de Schiller era precário, essas preleções foram oferecidas em sua casa para 24 ouvintes.[7] Um desses ouvintes, Christian Friedrich Michaelis (1770-1834), mais tarde *Privatdozent* em Leipzig, onde ofereceu cursos de estética e filosofia, publicou no ano seguinte ao da morte de Schiller a partir do que pudera anotar das preleções.[8] Essa "Nachschrift" foi posteriormente integrada à *Nationalausgabe* — a mais rigorosa edição das obras e da correspondência de Schiller — sob o título *Fragmentos das preleções sobre estética de Schiller no semestre de inverno de 1792-93*.[9] Como são uma fonte útil para a leitura de *Kallias,* muitas passagens estão citadas nas notas à presente tradução. Essas aulas atestam sobretudo o importante efeito de auto-esclarecimento resultante do trabalho necessário para prepará-las, pois Schiller teve de se haver não só com Kant, mas com as obras de Alexander Gottlieb Baumgarten, Edmund Burke, Karl Phillip Moritz, Moses Mendelssohn, Johann Gottfried Herder, Johann Georg Sulzer, Gotthold Ephraim Lessing, Anton

Raphael Mengs, Henry Home, Johann Joachim Winckelmann, David Hume, Charles Batteaux e Robert Wood, entre outros, o que resultou em trabalhos como "Sobre a arte trágica", "Do sublime. Para um desenvolvimento de algumas idéias kantianas", "Sobre o patético",[10] "Pensamentos sobre o uso do comum e do baixo na arte" e "Observações dispersas sobre diversos objetos estéticos" todos eles frutos das leituras e do ensino de Schiller durante o semestre de inverno de 1792-93.[11]

Enquanto oferecia suas preleções, e certamente como efeito do esforço que fizera para prepará-las, Schiller comunicou a Körner seu propósito de apresentar sua própria estética de forma mais detalhada. É o que se lê numa carta escrita a 21 de dezembro de 1792. Schiller observa que a "natureza do belo" tornara-se-lhe bem mais clara, e que por isso esperava poder conquistar o amigo para a teoria que estava desenvolvendo.

> Creio ter encontrado o conceito objetivo do belo, que se qualifica *eo ipso* também para um princípio objetivo do gosto, com o que Kant se desespera. Ordenarei meus pensamentos sobre isso e os publicarei num diálogo, *Kallias ou sobre a beleza,* na próxima Páscoa. Uma tal forma é extremamente adequada a essa matéria, e o caráter conforme a arte eleva o meu interesse no seu tratamento. Como a maioria das opiniões dos estetas sobre o belo serão mencionadas e quero tornar minhas proposições perceptíveis, tanto quanto possível, em casos singulares, resultará disso um livro efetivo do tamanho do *Visionário.*[12]

A julgar pela comparação, Schiller estimava que o assunto ocuparia mais de cem páginas impressas. Nesse mesmo dia em que anunciara a Körner o projeto de *Kallias,* Schiller escreveu também a Göschen, seu editor, indagando-lhe sobre a possibilidade de publicar "o mais tardar em julho" uma obra "que não deve fazer vergonha alguma a nós dois".[13]

Imaginado como um diálogo socrático, *Kallias* não deixou de ser meditado num diálogo — ainda que epistolar — entre Schiller e Körner. Culto e musical, Christian Gottfried Körner (1756-1832) fez carreira como alto funcionário público, primeiro na Saxônia (especialmente em Dresden), depois em Berlim, onde morreu.[14] Em 1784, Körner entrou pela primeira vez em contato com Schiller, então às voltas com problemas poéticos e financeiros em Mannheim. Fritz Jonas conta que Körner e sua noiva, a irmã mais velha dela e seu noivo eram jovens entusiasmados pelas mais recentes manifestações da literatura alemã. Foi assim que, através de cartas e pequenas lembranças, fizeram chegar até Schiller — o então subitamente famoso autor de *Os bandoleiros* — sinais de afeto e de reconhecimento. E foi também assim que ao final de maio de 1784 teve início uma correspondência regular entre Schiller e Körner e uma amizade que perdurou até a morte de Schiller. Jonas acredita que assim Körner

> encontrou sua profissão propriamente dita: ser um fiel amigo, participando vivamente de toda grandeza de espírito e beleza do seu grande amigo Schiller ... Apenas sob esse ponto de vista da fidelidade podem sua vida e seu trabalho ser suficientemente apreciados; seus próprios escritos, por mais que tenham sido estimados por seus contemporâneos, passam ao segundo plano diante de sua importância como amigo de Schiller.[15]

No entanto, seus artigos publicados sob o estímulo de Schiller em *Thalia* e *Die Horen* (As horas) chamaram atenção: "Sobre a liberdade do poeta na escolha do seu material" (1789) é uma defesa do poema de Schiller "Os deuses da Grécia" contra as críticas de Friedrich Leopold von Stolberg; "Sobre a exposição do caráter na música" (1795) é apontado como um dos textos mais significativos de estética musical do classicismo de Weimar; "Sobre o significado da dança" (1808) influenciou o famoso escrito de Kleist acerca do teatro de marionetes. Seus artigos foram reunidos e publicados por Göschen em 1808, em Leipzig, sob o título *Considerações estéticas*. Em 1812 Körner começou a editar as obras completas de Schiller, cujo plano data de pouco antes da morte do amigo. Seu longo prefácio, "Notícias sobre a vida de Schiller", submetido à apreciação de Goethe antes de ser impresso, é considerado o primeiro relato biográfico seguro sobre Schiller.

A carta de 23 de fevereiro de 1793 contém uma observação que, embora um tanto incidental, talvez possa ser tomada como indicativo de um princípio que Schiller teria levado em conta na composição do diálogo filosófico que planejara: "Boa é uma espécie de ensino em que se progride do conhecido ao desconhecido; ela é bela se é socrática, ou seja, se questiona as mesmas verdades a partir da cabeça e do coração do ouvinte. No primeiro, as convicções do entendimento são-lhe *exigidas* in forma, no segundo elas são-lhe *extraídas*."[16] A correspondência com Körner aqui traduzida contém traços dessa maneira socrática, enquanto testemunha um vivo aprendizado recíproco.

É provável que a origem do projeto de *Kallias* remonte à primavera de 1792,[17] como é possível depreender de uma carta de Schiller a Körner, de 25 de maio desse ano. Quanto à idéia de uma obra à maneira do diálogo socrático, é igualmente possível que Schiller se tenha deixado influenciar por uma certa voga do gênero entre os escritores alemães seus contemporâneos, tais como Moses Mendelssohn e o seu *Phaidon* (1767), Lessing e seu diálogo *Ernst und Falk* (1778-1780) e o Herder autor de *Gott. Einige Gespräche* (1787). Já sobre o título do diálogo, sabe-se que Kallias era um nome próprio bastante comum na Grécia antiga e provavelmente deveria ser o nome do protagonista do diálogo de Schiller. É também provável que Schiller tenha pensado num certo Kallias, "pertencente a uma das mais ricas famílias de Atenas no séc. IV a.C., e cuja casa Platão teria escolhido como cenário para o seu diálogo *Protágoras*".[18]

Como Schiller ainda sentia a necessidade de familiarizar-se amplamente com os principais teóricos e críticos do seu tempo, recorreu mais uma vez aos préstimos de Körner.

> Ainda não está nada ordenado por escrito senão já teria apresentado alguma coisa a você. Se você tiver ou souber de escritos importantes sobre arte, me diga: já tenho Burke, Sulzer, Webb, Mengs, Winckelmann, Hume, Batteaux, Wood, Mendelssohn, além de uns cinco ou seis compêndios ruins. Mas gostaria ainda de consultar mais escritos sobre as artes particulares e suas disciplinas específicas. Desejava particularmente, porém, uma ou algumas coleções das melhores gravuras de Rafael, Correggio, entre outras peças, se não forem muito caras. Você poderia talvez me indicar algumas? Além disso, gostaria de um bom livro sobre *arquitetura*. Desespero-me de conhecimentos musicais, pois meu ouvido já está demasiado velho; no entanto, não tenho o menor receio de que minha teoria da beleza falhará no que diz respeito à música, e talvez haja um material para você aplicá-la à música.[19]

Essa carta de 11 de janeiro de 1793 documenta o quanto Schiller estava envolvido com as principais obras dos principais estetas do seu tempo.[20] A ajuda bibliográfica de Körner veio prontamente: a 18 de janeiro, ele sugeriu ao amigo a leitura da *Enciclopédie*, de Hogarth, Hagedorn, Dubos, Lessing, Herder, Reinhold, D'Argenville, Vasari e Moritz, entre outros.[21] Os sinais dessas leituras encontram-se não só nos *Fragmentos das preleções sobre estética*, como também nos escritos de Schiller dessa época, já mencionados.

No final de janeiro de 1793, Schiller passou a expor e a desenvolver na correspondência com Körner as idéias centrais do seu planejado diálogo filosófico sobre a beleza. A intensa troca de idéias estende-se de 25 de janeiro a 28 de fevereiro. No entanto, numa carta a Bartholomäus Ludwig Fischenich, de 11 de fevereiro, Schiller revela sua decisão de postergar a publicação de *Kallias*. Fazendo de suas aulas de estética uma espécie de ateliê para a composição e o refino de suas próprias idéias, persistia no propósito de "refutar Kant com meios kantianos",[22] resistindo assim ao espírito filosófico dominante em Iena.

> Aqui, ouve-se ressoar em todas as ruas as palavras forma e conteúdo; quase não se pode mais dizer nada de novo na cátedra, a não ser que a gente se proponha não ser kantiano. ... Minhas preleções sobre estética me introduziram com bastante profundidade nessa matéria complicada e me obrigaram a chegar a conhecer a teoria de Kant com tanta exatidão quanto é preciso para não ser um mero repetidor. Estou efetivamente no caminho de refutá-lo e de atacar sua afirmação de que não é possível um princípio objetivo do gosto, pois estabeleço um tal princípio. ... Estudei Kant e, além disso, ainda li os outros estetas mais importantes. Esse estudo contínuo me conduziu a alguns resultados importantes, os quais, espero, resistirão à prova da crítica. De início, queria publicar minhas novas idéias sobre o belo num diálogo filosófico; porém, como meus planos se estenderam, quero dispor de mais tempo para isso e deixar minhas idéias germinarem completamente.[23]

Como a carta a Fischenich deixa ver, Schiller estava de tal modo envolvido com esse trabalho e tão convencido de que conseguira ir além de Kant, que o projeto de sistematizar suas idéias e apresentá-las numa obra sofreu rápidas transformações e rendeu outros frutos. "Teria, com prazer, continuado nossa correspondência estética", escreveu Schiller a Körner a 5 de maio de 1793, "mas alguns trabalhos urgentes têm ainda de ser *expedidos* antes disso. ... No entanto, consegui importantes esclarecimentos sobre a minha *teoria* da beleza, e um traço característico *objetivo*, afirmativo, da liberdade no fenômeno está pois encontrado."[24] Na verdade, Schiller estava inteiramente absorvido pelo trabalho em "Sobre graça e dignidade", redigido em seis semanas, em maio e junho — um trabalho intimamente ligado ao teor do diálogo que vinha mantendo com Körner. As conclusões a que chegara sobre a beleza moral, por exemplo, apresentadas sobretudo nas cartas de 18 e 19 de fevereiro, bem como o tema da beleza humana, apenas anunciado na carta de 23 de fevereiro, são ricamente desenvolvidos em "Sobre graça e dignidade". Ao mesmo tempo que cuidava desses trabalhos mais urgentes, Schiller começava sua correspondência com o duque de Augustenburg, embora não tivesse abandonado o projeto de *Kallias*, como se lê na carta enviada a Göschen, escrita em Ludwigsburg a 24 de outubro de 1793.[25] Poucas semanas depois, a 10 de dezembro de 1793, Schiller pediu a Körner que lhe enviasse de volta justo as cartas escritas no começo do ano, nas quais começara a esboçar sua teoria da beleza, pois planejava usá-las na correspondência com o duque de Augustenburg, cuja primeira parte contava publicar já na próxima feira.[26] Na longa carta a Körner, escrita em Ludwigsburg a 3 de fevereiro de 1794, Schiller conta que seguia trabalhando em sua teoria da beleza, embora sua preocupação fosse agora a de desenvolver filosoficamente as idéias que havia exposto em seu famoso poema "Os artistas" (1788) em conexão com o motivo da "educação estética do homem".[27] A "natureza do belo" tornara-se-lhe suficientemente clara. Tratava-se então de refletir sobre os efeitos do gosto na formação do homem e da sociedade.

* * *

Parte da correspondência entre Schiller e Körner sobre o projeto de *Kallias* chegou ao conhecimento de Goethe por causa de um pequeno artigo que este escrevera especialmente para o amigo: "Até que ponto a idéia segundo a qual a beleza é perfeição com liberdade pode ser aplicada a naturezas orgânicas", que figura como apêndice a esta tradução. Esse artigo foi descoberto entre os papéis de Schiller por Günther Schulz, que o publicou pela primeira vez no *Jahrbuch der Goethe-Gesellschaft* (Neue Folge, 14/15, 1952-53). Goethe o remeteu a Schiller a 30 de agosto de 1794 com o seguinte bilhete: "Reservo-me a licença de enviar as folhas anexas somente a um amigo de quem posso esperar que me acolha. Enquanto as leio de novo, vejo-me como aquele garoto que se dispôs a colocar o oceano num buraquinho. No entanto, permita-me o senhor doravante mais impromptus como esse; eles estimularão e vivificarão a conversa, e lhe darão uma direção."[28]

A amizade — e com ela a correspondência e a colaboração — entre Goethe e Schiller mal havia começado. Ao receber o artigo, Schiller o viu como mais um sinal promissor da convergência de idéias em torno de problemas centrais da estética. Entre esses problemas, destaca-se o da busca de um fundamento objetivo para o belo. Ainda sob o impacto de uma leitura minuciosa da *Crítica da faculdade do juízo*, Schiller tentara estabelecer o belo sobre fundamentos objetivos, como testemunha a correspondência com seu amigo Gottfried Körner em janeiro e fevereiro de 1793 em torno do projeto de *Kallias ou sobre a beleza*. Como prova daquela convergência de idéias, Schiller enviou a Goethe dois longos excertos de suas cartas a Körner de 23 e 28 de fevereiro de 1793: "Liberdade no fenômeno é o mesmo que beleza" e "O belo na arte". Na carta que os acompanha, escrita a 31 de agosto de 1794, lê-se a seguinte advertência:

> Abstenho-me hoje de entrar em detalhes sobre seu artigo, que introduz imediatamente nossas conversas acerca deste objeto na pista mais frutífera. Minhas próprias investigações, empreendidas por caminhos diferentes, levaram-me a um resultado bastante concordante, e nos papéis anexos o senhor talvez se depare com idéias que vão a encontro das suas. Elas foram esboçadas há um ano e meio, e tanto no que concerne a isso quanto por causa de seu ensejo local (pois foram destinadas a um amigo indulgente) sua rude figura pode reclamar um pedido de desculpas. Contudo, desde então elas possuem um fundamento melhor e receberam em mim uma determinação maior que poderia aproximá-las incomparavelmente às suas.[29]

Schiller ou sobre a beleza

A beleza deve pois ser vista como cidadã de dois mundos, pertencendo ao primeiro por nascimento e ao segundo por adoção; ela recebe sua existência na natureza sensível e obtém seu direito de cidadania no mundo da razão.

F. Schiller, "Sobre graça e dignidade"

Como se lê na carta de 25 de janeiro de 1793, Schiller não ignorava nem minimizava as dificuldades de sua tentativa de — com e contra Kant — estabelecer um princípio objetivo para o belo. O caráter *objetivo* desse princípio implica ao mesmo tempo sua validade universal e necessária e sua imanência ao objeto. Assim, o que está em jogo é a determinação de um princípio tal que legitime a pretensão de validade estética erguida pelo objeto como uma pretensão universal e necessária. Mais do que uma dedução do juízo de gosto, como em Kant, trata-se de uma dedução da beleza como uma "qualidade objetiva". Essa guinada em direção ao objeto, que para Schiller não deveria implicar uma recaída num nível de consciência filosófica pré-crítico, confere às suas idéias uma posição especial entre as principais teorias concorrentes do seu tempo; pois enquanto critica o subjetivismo sensível de Burke e dos sensualistas ingleses, o objetivismo racional de Baumgarten e dos racionalistas dogmáticos e o subjetivismo racional de Kant, Schiller está convencido de que sua teoria é "uma quarta forma possível de explicar o belo":[30] sua clara pretensão de síntese está em que ela retém o momento de verdade das teorias rivais no interior de uma concepção sensível-objetiva da beleza.

Embora a *démarche* de Schiller não apresente a mesma sistematicidade nem o empenho arquitetônico de Kant, é possível dividi-la em dois momentos: o da determinação subjetiva do belo, ao qual corresponde a conhecida tese segundo a qual a beleza é a liberdade no fenômeno, e o da determinação objetiva do belo, centrada no conceito de técnica como condição mediata da beleza. Começarei recapitulando brevemente os passos da argumentação de Schiller, cujo resultado é condensado naquela tese (1); em seguida, passarei ao problema da técnica (2). A solução apresentada por Schiller para esse problema incide de tal modo sobre a determinação da especificidade do *belo artístico*, que a dedução de um critério objetivo do belo resulta numa espécie de dedução da obra de arte, cujo ponto alto é o conceito de *estilo* como a pura objetividade da apresentação (3). Por fim, gostaria ao menos de indicar como a problemática geral de *Kallias* poderia ser reformulada (4).

(1) *A beleza como liberdade no fenômeno.* A razão teórica e a razão prática — cujos domínios não se confundem, pois estão submetidos a legislações distintas — podem contudo aplicar suas formas tanto ao que existe por natureza quanto ao que existe por liberdade. Quando a razão prática aplica sua forma ao que existe por natureza, ela procede do mesmo modo que a razão teórica ao aplicar sua forma ao que existe por liberdade: "empresta ao objeto (regulativamente, e não constitutivamente, como no ajuizamento moral) uma faculdade de determinar a si mesmo, uma vontade, e o considera em seguida sob a forma dessa vontade *dele* (e não da vontade *dela*, pois senão o juízo tornar-se-ia um juízo moral). ... Pois bem, se na consideração de um ser natural a razão prática descobre que ele é determinado por si mesmo, então ela lhe atribui (como a razão teórica, no mesmo caso, concede *similaridade à razão* a uma intuição) *similaridade à liberdade*

[*Freiheitsähnlichkeit*] ou, numa palavra, *liberdade.* Mas porque essa liberdade é apenas emprestada pela razão ao objeto, *como nada pode ser livre a não ser o supra-sensível, e a liberdade mesma como tal nunca pode cair sobre os sentidos* — numa palavra — como se trata aqui apenas de que um objeto *apareça* como livre, e não que o seja efetivamente: então essa analogia de um objeto com a forma da razão prática não é liberdade de fato, e sim meramente *liberdade no fenômeno, autonomia no fenômeno.*"[31]

A beleza encontra-se pois na esfera da razão prática; mas, como vimos, a experiência estética mobiliza a razão prática enquanto a desonera dos imperativos da ação, liberando-a para a mera *contemplação.* "Um ajuizamento de efeitos livres (ações morais), segundo a forma da vontade pura, é moral; um ajuizamento de efeitos não-livres, segundo a forma da vontade pura, é estético. ... o acordo de uma ação com a forma da vontade pura é a *eticidade.* A analogia de um fenômeno com a forma da vontade pura ou da liberdade é a *beleza* (em sua acepção mais ampla). A beleza não é pois outra coisa senão liberdade no fenômeno."[32]

Contra Kant, Schiller eleva a estética à esfera da razão mediante a introdução de um uso regulativo para a razão prática. Em outras palavras, a consideração estética dos fenômenos é precisamente o que o uso regulativo da razão prática torna possível. Não creio que Schiller tenha confundido os limites entre as esferas moral e estética, nem submetido esta àquela, e sim mostrado de modo convincente, segundo os meios de que dispunha, que as esferas da ação e da contemplação são, por assim dizer, os dois modos da liberdade.

(2) *A técnica como condição objetiva da beleza.* Em sua resposta, Körner argumenta que o princípio de Schiller é ainda "meramente subjetivo", pois como a idéia de autonomia, na qual ele se funda, "é *acrescentada em pensamento* ao fenômeno dado", a pergunta principal permanece pendente: "se não é possível conhecer *nos objetos* as condições sobre as quais se

baseia esse acrescentar em pensamento a autonomia".[33] Nas cartas seguintes, Schiller admite a objeção de Körner, formulando em duas etapas o problema que resta a ser resolvido: "Tenho pois duas coisas a mostrar: *em primeiro lugar,* que aquilo de objetivo nas coisas, pelo que elas são postas no estado de aparecer como livres, é justo também aquilo que, se está presente, lhes confere beleza. ... *Em segundo lugar,* cabe demonstrar que a liberdade no fenômeno traz necessariamente consigo um tal efeito sobre a faculdade de sentir, um efeito que é inteiramente igual àquele que encontramos ligado à representação do belo."[34] Vejamos como Schiller resolve o primeiro problema, já que ele mesmo observa que não poderá tratar do segundo. Nossa representação da liberdade no objeto "tem de ser *necessária,* pois nosso juízo do belo contém necessidade e *exige* o assentimento de qualquer um. ... Pois bem, para isso é exigido que o objeto mesmo, mediante sua propriedade objetiva, nos convide, ou antes nos obrigue a notar nele a qualidade de não-ser-determinado-do-exterior".[35]

Como todo ser determinado, ele há de ter o que lhe determina. Posto que a faculdade de conhecimento que busca o determinante para o determinado é o entendimento, ele não pode estar fora de ação. No entanto, o entendimento é concernido apenas pela *forma* do objeto, buscando a regra que lhe corresponde. Como o ajuizamento é estético — e não lógico —, o entendimento não se aplica ao conhecimento dessa regra, "pois o conhecimento da regra destruiria toda aparência da liberdade, como é realmente o caso em toda estrita conformidade a regras".[36] É pois suficiente e necessário que a regra permaneça indeterminada. "Uma forma que indica uma regra (que se deixa tratar segundo uma regra) chama-se conforme à arte ou *técnica.* Apenas a forma técnica de um objeto provoca o entendimento a procurar o fundamento para a conseqüência e o determinante para o determinado; e na medida pois que uma tal forma desperta a necessidade de perguntar por um fundamento da determinação, assim a negação do *ser-determinado-do-exterior* leva aqui de modo inteiramente necessário à representação do *ser-determinado-do-interior* ou da liberdade. A liberdade só pode pois ser sensivelmente *apresentada* com o auxílio da técnica ... Disto resulta pois uma segunda condição fundamental do belo, sem a qual a primeira seria meramente um conceito vazio. Liberdade no fenômeno é a rigor o fundamento da beleza, mas a *técnica* é a condição necessária da nossa *representação* da liberdade. Se unirmos ambas as condições fundamentais da beleza e da representação da beleza, segue-se disto a seguinte explicação: Beleza é natureza na conformidade à arte."[37]

É preciso elucidar o que Schiller entende aqui por *natureza*, pois trata-se de uma concepção *estética* de natureza. Num giro um tanto surpreendente, ele adverte: "A expressão *natureza* me é mais cara que *liberdade* porque ao mesmo tempo designa o campo do sensível sobre o qual o belo se limita e, ao lado do conceito da *liberdade*, indica sua esfera no mundo sensível. Diante da técnica, a *natureza* é o que é por si mesma; *arte* é o que é através de uma regra. *Natureza na conformidade à arte* é o que dá a regra a si mesma — o que é através de sua própria regra. (Liberdade na regra, regra na liberdade.) Se digo: *a natureza da coisa*: *a coisa segue sua natureza, se determina através de sua natureza:* assim oponho aqui a natureza a tudo aquilo que é diferente do objeto, ao que no mesmo é observado como meramente casual e pode ser desconsiderado sem suprimir ao mesmo tempo sua essência."[38] Em sua acepção estética, a natureza da coisa é a sua individualidade, a "pessoa da coisa". Em outras palavras, ela é o princípio de individuação estético, o "princípio interno da existência numa coisa, considerado ao mesmo tempo como fundamento de sua forma; *a necessidade interna da forma.* A forma tem de ser ao mesmo tempo autodeterminante e autodeterminada no sentido mais próprio; tem de haver aí não mera autonomia, e sim heautonomia."[39]

A natureza na conformidade à arte é "a pura concordância da essência interna com a forma, *uma regra que é ao mesmo tempo dada e seguida pela coisa mesma*".[40] Enquanto a natureza (em sentido físico) nos apresenta antes de tudo corpos dotados de uma massa específica e submetidos à lei universal da gravidade, a natureza (em sentido estético) nos oferece esses mesmos corpos numa relação específica entre as suas massas e as suas formas. A beleza, dirá Schiller, se manifesta precisamente quando a forma triunfa sobre a massa e a gravidade. "A força da gravidade está para a força viva do pássaro aproximadamente do mesmo modo que a inclinação — em determinações puras da vontade — está para a razão legisladora."[41] A heautonomia é uma propriedade rigorosamente objetiva, já que subsiste no objeto mesmo quando abstraímos do sujeito, mas não se confunde com um "em si", uma vez que é subjetivamente mediatizada. A beleza é pois uma síntese das determinações objetiva e subjetiva. "A razão é sem dúvida necessária para fazer um tal uso da qualidade objetiva das coisas, como é o caso em se tratando do belo. Mas esse uso subjetivo não suprime a objetividade do fundamento ... O fundamento da liberdade adjudicada ao objeto encontra-se pois *nele* mesmo, embora a *liberdade* se encontre apenas na razão."[42] Enquanto a liberdade é o "fundamento imediato" da beleza, a técnica é sua "condição mediata": "A técnica contribui para a beleza apenas na medida em que serve para suscitar a representação da liberdade."[43] Vejamos agora este problema na esfera específica da arte.

(3) *Estilo e maneira.* Um objeto é "livremente apresentado" "quando é posto diante da imaginação como determinado por si mesmo".[44] O belo artístico consiste numa imitação da natureza num medium materialmente distinto. "*Imitação*", diz Schiller, "é a semelhança formal do materialmente diferente."[45] Que se pense, por exemplo, na relação entre o mármore e o cavalo nele esculpido.

> A natureza do objeto é pois representada na arte não em sua personalidade e individualidade, e sim através de um *medium* que, por sua vez, a) tem sua própria individualidade e natureza, b) depende do artista, que deve ser considerado como uma natureza própria. ... Estão pois aqui três naturezas que lutam umas com as outras. A natureza da coisa a apresentar, a natureza do material da apresentação e a natureza do artista, que deve fazer com que aquelas duas concordem.[46]

Na luta entre essas três naturezas deve prevalecer a natureza do imitado, ou seja, sua autonomia, seu ser-determinado-do-interior. Livremente apresentado é pois apenas o objeto cuja natureza não foi determinada a partir de fora pelo artista ou pelo material. Como a matéria pode receber apenas a forma do objeto imitado, é necessário que a forma submeta inteiramente a matéria. Do contrário, a liberdade da apresentação é perdida e, com ela, a liberdade na aparência, ou seja, a beleza. Mediante um simples e útil exemplo, Schiller caracteriza as três situações típicas possíveis no embate entre a natureza do imitado, o material e o artista, introduzindo assim dois conceitos fundamentais para o ajuizamento objetivo do belo artístico: os conceitos de maneira e de estilo.

> Se num desenho há um único traço que torna conhecíveis a pena ou o lápis, o papel ou a chapa de cobre, o pincel ou a mão que o realizou, então ele é *rígido* ou *pesado;* se nele é visível o *gosto peculiar* do artista, a natureza do artista, então ele é *amaneirado.* Se fere nomeadamente a mobilidade de um músculo (numa gravura em cobre) pela rigidez do metal ou pela mão pesada do artista, então a apresentação é feia, pois não foi determinada pela idéia, e sim pelo medium. ... O oposto da *maneira* é o *estilo,* que nada mais é do que a suprema independência da apresentação perante todas as determinações subjetiva e objetivamente contingentes.[47]

O *estilo* é pois a mais alta determinação do belo artístico, na medida em que encarna a beleza como uma qualidade objetiva. Se a busca de um critério objetivo do belo implica a determinação de um fundamento *in re*; se essa determinação pode ser concebida como uma dedução da obra de arte, como uma resposta à pergunta sobre o direito com que um objeto artístico ergue para si uma pretensão de validade estética tal que deva esperar o assentimento de todos, então essa pretensão de validade estética universal e necessária não é outra coisa senão uma pretensão à rigorosa objetividade do estilo.

> *Pura objetividade* da apresentação é a essência do bom estilo: o princípio supremo das artes. "O estilo está para a maneira como o modo de agir a partir de princípios formais está para um modo de agir a partir de máximas empíricas (princípios subjetivos). O estilo é uma completa elevação sobre o contingente rumo ao universal e necessário." O grande artista, poder-se-ia então dizer, nos mostra o objeto (sua apresentação tem objetividade pura), o medíocre mostra-se a si mesmo (sua apresentação tem subjetividade), o mau sua matéria (a apresentação é determinada pela natureza do medium e pelos limites do artista).[48]

(4) *Beleza: uma cidadã de dois mundos*. Essa guinada do subjetivo ao objetivo, saudada por Hegel como um passo decisivo para a constituição da estética, rompe assim os limites de uma *crítica* do gosto rumo a uma *doutrina* do belo, na qual Schiller viu o espaço para uma "nova teoria da arte".[49] A opinião dominante entre os comentadores é a de que Schiller fracassou em sua tentativa de uma dedução objetiva do belo, do gosto e da arte.[50] No entanto, mais interessante que a pergunta sobre o sucesso ou insucesso de Schiller é — como creio — a possibilidade de uma reflexão sobre a reformulação do problema que lhe subjaz.

Com e contra o universalismo estético subjetivo de Kant, o que está em jogo no esforço de Schiller para oferecer um princípio objetivo do belo e do gosto é o problema da *validade intersubjetiva* — universal e necessária — aspirada tanto pelo juízo como *também* pelo objeto. O problema da fundamentação da estética se transforma quando se transita do âmbito no qual Kant e Schiller permaneceram à esfera da comunicação, ou seja, da análise das condições universais e necessárias do conhecimento possível à análise das condições universais e necessárias do entendimento possível. Se tomarmos os juízos estéticos como atos de fala cujas pretensões de validade representam uma tomada de posição perante as pretensões de validade estética erguidas pelas obras de arte, o eixo da investigação se desloca: já não mais se trata (como para Kant) de uma "analítica da faculdade de juízo estética", nem da busca de um princípio objetivo para o belo (como para Schiller), e sim de uma análise pragmático-lingüística da comunicação estética. Mas estaria essa transformação pragmático-lingüística da "analítica da faculdade de juízo estética" em condições de reformular a problemática kantiana da dedução do juízo de gosto? Creio que sim — e por um argumento análogo ao de Kant. Pois se Kant entende que essa pretensão se funda meramente sobre as condições formais requeridas para a possibilidade de um conhecimento em geral, condições que ele explicita recorrendo à idéia de um "sentido comum", penso que a pretensão ao assentimento de todos radica-se nas condições formais, universais e necessárias, para a produção de um acordo em geral, condições a partir das quais o gosto se deixa ver como uma espécie de *sensus communis* constituído pelo uso da linguagem voltado para o entendimento. Assim tomado, o *sensus communis* remete à idéia reguladora de uma comunidade ilimitada de comunicação, entendida como uma comunidade de leitores, ouvintes, espectadores e autores, perante a qual *também* as obras erguem sua pretensão de validade estética com vistas a um reconhecimento universal.

A pragmática da linguagem é uma teoria normativa sobre as condições universais e necessárias do entendimento possível. Se se admite que o consenso habita a linguagem como o seu *telos*, cabe à pragmática explicitar as condições em que isso *deve* ocorrer, ainda que não ocorra. A pretensão ao assentimento de todos erguida por uma pretensão de validade à verdade, à correção normativa ou à beleza possui um caráter incondicional. Verdade, correção normativa e beleza são pretensões de validade "incondicionais" pois, embora fundamentadas por justificações, transcendem-nas na medida mesma em que as justificações apresentadas em cada caso para o que se pretende como verdadeiro, correto ou belo são criticáveis em nome da verdade, da correção normativa ou da beleza. Verdade, correção normativa e beleza são pois "idéias" que se impõem com a força de um "imperativo". "Idéias" porque são objeto de uma aproximação infinita pelos discursos reais, sempre falíveis e inervados a partir de dentro pela dialética de identidade e não-identidade de validade e justificação; "imperativos" porque não são simples conceitos empíricos, mas princípios constitutivos e regulativos do uso da linguagem voltado para o entendimento. É nesse sentido que a analogia feita por Schiller entre o estilo como o princípio supremo das artes e a lei moral como o princípio supremo da ação dá a dimensão exata do belo como um *imperativo*. "O belo não é um conceito da experiência, mas antes um imperativo. Ele é certamente objetivo, mas apenas como uma tarefa necessária para a natureza sensível e racional; na experiência efetiva, porém, ela permanece habitualmente não satisfeita ... . É algo inteiramente subjetivo se sentimos o belo como belo, mas isso deveria ser objetivo."[51]

Embora sempre enraizados em contextos particulares, as obras de arte e os juízos sobre elas transcendem seus contextos de origem, dirigindo-se a um público ideal — ou a uma comunidade de comunicação ideal. Se a beleza é uma cidadã de dois mundos, é porque de fato recebe sua existência no mundo sensível, embora só obtenha seu direito de cidadania quando sua pretensão ao reconhecimento é referida a uma comunidade de comunicação ideal como o horizonte de sua validade.

Bibliografia

1. Bibliografia sobre Schiller

1.1. No *Jahrbuch der Deutschen Schillergesellschaft (JDS)*, anuário da Sociedade Schiller da Alemanha

RAABE, Paul e Ingrid BODE, “Schiller-Bibliographie 1959-1961”, in *JDS* 6, 1962, p.465-553.

BODE, I., “Schiller-Bibliographie 1962-1965”, in *JDS* 10, 1966, p.465-505.

_____, “Schiller-Bibliographie 1966-1969”, in *JDS* 14, 1970, p.584-636.

_____, “Schiller-Bibliographie 1970-1973 und Nachträge”, in *JDS* 18, 1974, p.642-701.

_____, “Schiller-Bibliographie 1974-1978 und Nachträge”, in *JDS* 23, 1979, p.549-612.

_____, “Schiller-Bibliographie 1979-1982 und Nachträge”, in *JDS* 27, 1983, p.493-551.

_____, “Schiller-Bibliographie 1983-1986 und Nachträge”, in *JDS* 31, 1987, p.432-512.

_____, “Schiller Bibliographie 1987-1990 und Nachträge”, in *JDS* 35, 1991, p.387-459.

_____, “Schiller-Bibliographie 1991-1994 und Nachträge”, in *JDS* 39, 1995, p.463-534.

1.2. Outros

BAERWINKEL, Roland, *Schiller-Bibliographie 1975-1985*. Berlim e Weimar, Aufbau, 1989.

MARCUSE, Herbert, *Schiller-Bibliographie. Unter Benutzung der Trömelschen Schiller-Bibliothek (1865)*. Berlim, Fraenkel, 1925.

VULPIUS, Wolfgang, *Schiller-Bibliographie 1893-1958*. Weimar, Arion, 1959.

_____, *Schiller-Bibliographie 1959-1963*. Berlim e Weimar, Aufbau, 1967.

WERSIG, Peter, *Schiller-Bibliographie, 1964-1974*. Berlim e Weimar, Aufbau, 1977.

2. Obras de Schiller

Sämtliche Werke. Organização de Christian Gottfried Körner. 12 vols. Stuttgart e Tübingen, Cotta, 1812-15.

Sämtliche Schriften. Historisch-kritische Ausgabe. Organização de Karl Goedeke. 17 vols. Stuttgart, Cotta, 1867-76.

Sämtiliche Werke. Säkular-Ausgabe. Organização de Eduard von der Hellen. 16 vols. Stuttgart, Cotta, 1904-05.

Werke. Nationalausgabe. Iniciada por Julius Petersen, continuada por Lieselotte Blumenthal, Benno von Wiese e Siegfried Seidel; organizada por Norbert Oellers. Weimar, Hermann Böhlaus Nachfolger, 1943ss.

Sämtliche Werke. Organização de Gerhard Frieke e Herbert G. Göpfert. 5 vols. Munique, Hanser, 1958-59.

Werke und Briefe. Organização de Klaus Harro Hilzinger et al. 12 vols. Frankfurt, Deutscher Klassiker, 1988ss.

2.1. Obras filosóficas de Schiller disponíveis em português

Cartas sobre a educação estética da humanidade. Tradução de Roberto Schwarz, introdução e notas de Anatol Rosenfeld. São Paulo, Herder, 1963; reed. São Paulo, EPU, 1992.

A educação estética do homem. Numa série de cartas. Tradução de Roberto Schwarz e Márcio Suzuki, introdução de Márcio Suzuki. São Paulo, Iluminuras, 1990.

Poesia ingênua e sentimental. Tradução e introdução de Márcio Suzuki. São Paulo, Iluminuras, 1991.

Sobre a educação estética do ser humano numa série de cartas e outros textos. Tradução, introdução, comentário e glossário de Teresa Rodrigues Cadete. Lisboa, Imprensa Nacional/Casa da Moeda, 1994.

Teoria da tragédia. Tradução de Flávio Meurer, introdução e notas de Anatol Rosenfeld. São Paulo, Herder, 1964; reed. São Paulo, EPU, 1992.

Textos sobre o belo, o sublime e o trágico. Tradução, introdução, comentários e glossário de Teresa Rodrigues Cadete. Lisboa, Imprensa Nacional/Casa da Moeda, 1997.

3. Edições da correspondência Schiller-Körner e de *Kallias ou sobre a beleza*

Schillers Briefwechsel mit Körner. Von 1784 bis zum Tode Schillers. 4 vols. Berlim, Veit & Comp., 1847 [vol.1: 1784-1788; vol.2: 1789-1792; vol.3: 1793-1796; vol.4: 1797-1805].

Schillers Briefwechsel mit Körner. Von 1784 bis zum Tode Schillers. 2ª ed. revista. 4 vols. Leipzig, Veit & Comp., 1859.

Schillers Briefwechsel mit Körner. Von 1784 bis zum Tode Schillers. Organização de Karl Goedeke., 2ª ed. revista. 2 vols. Leipzig, Veit, 1874 [vol.1: 1784-1792; vol.2: 1793-1805]; reed. em 1878.

Briefwechsel zwischen Schiller und Körner. Von 1784 bis zum Tode Schillers. Introdução de Ludwig Geiger. 4 vols. Stuttgart, Cotta, 1892.

Schillers Briefe. Kritische Gesamtausgabe. Organização de Fritz Jonas. 7 vols. Stuttgart, Leipzig, Berlim e Viena, Deutsche Anstalt, 1892-96.

Briefwechsel zwischen Schiller und Körner. Organização, seleção e comentários de Klaus L. Berghahn. Munique, Winkler, 1973.

Werke. Nationalausgabe. Vol.26: *Schillers Briefe 1790-1794*. Organização de Edith Nahler e Horst Nahler. Weimar, Hermann Böhlaus Nachfolger, 1992.

_____. Vol.34: *Teil I: Briefe an Schiller 1790-1794*. Organização de Ursula Naumann. Weimar, Hermann Böhlaus Nachfolger, 1992.

_____. Vol.34: *Teil II: Briefe an Schiller 1.3.1790 — 24.5.1794. Anmerkungen*. Organização de Ursula Naumann. Weimar, Hermann Böhlaus Nachfolger, 1997.

Werke und Briefe. 12 vols. Vol.8: *Theoretische Schriften*. Organização de Rolf-Peter Janz, com a colaboração de Hans Richard Brittnacher, Gerd Kleiner e Fabian Störmer. Frankfurt, Deutscher Klassiker, 1992.

Kallias oder über die Schönheit. Über Anmut und Würde. Organização de Klaus L. Berghahn. Stuttgart, Reclam, 1994.

4. Acerca de *Kallias ou sobre a beleza*

BASCH, Victor, "Le Kallias de Schiller", in *Mélanges Henri-Lichtenberger.* Paris, Stock, 1934.

BERGHAHN, Klaus L., "'Eines Freundes Freund zu sein'. Zum Briefwechsel zwischen Schiller und Körner", in *Schiller. Ansichten eines Idealisten.* Frankfurt, Athenäum, 1986.

DANZEL, T.W., "Über Schillers Briefwechsel mit Körner", in *Zur Literatur und Philosophie der Goethezeit.* Stuttgart, 1962.

GEIGER, Ludwig, "Einleitung", in *Briefwechsel zwischen Schiller und Körner. Von 1784 bis zum Tode Schillers.* 4 vols. Stuttgart, J.G. Cotta'schen Buchhandlung, 1892.

HUEBNER, Kathinka, "Die Kallias-Briefe von Friedrich Schiller: eine Analyse des Kunstschönen. Eine Darstellung der Kunstheorie Friedrich Schillers mit semiotischen Mitteln", in *Zeitschrift für Literaturwissenschaft und Linguistik* 7, 1977.

JONAS, Fritz, "Zu Schiller und Körner", in *Zeitschrift für deutsches Alterthum und deutsche Literatur* NF 13, 1881.

LATZEL, Siegbert, "Die ästhetische Vernunft. Bemerkungen zu Schillers 'Kallias' mit Bezug auf die Ästhetik des 18. Jahrhunderts", in *Literaturwissenschaftliches Jahrbuch,* 1961.

LUSERKE, Matthias, "Die Suche nach dem objektiven Begriff des Schönen. Von der Ästhetik zur Metaphysik des Schönen bei Schopenhauer", in *Zeitschrift für Germanistik* NF 4, 1994.

LUTZ, Hans, "Schillers Anschauungen von Kultur und Natur", *Germanische Studien* 60, Berlim, 1928; reed. Nendeln-Lichtenstein, Klaus Reprint Limited, 1967.

STRUBE, Werner, "Schillers Kallias-Briefe oder über die Objektivität der Schönheit", in *Literaturwissenschaftliches Jahrbuch* NF 18, 1977.

TAMINIAUX, Jacques, *La nostalgie de la Grece a l'aube de l'idealisme allemand.* Haia, Martius Nijhoff, 1967, p.73-87.

VAN STOCKUM, Th.C., "Christian Gottfried Körner als Berater Schillers", in *Neophilologus* 39, 1955.

5. Sobre Körner

JONAS, Fritz, "Christian Gottfried Körner", in *Allgemeine deutsche Biographie.* Leipzig, Duncker & Humblot, 1882, vol.16.

LICHTENSTEIN, E., "Schillers 'Briefe über die ästhetische Erziehung' zwischen Kant und Fichte", in *Archiv für Geschichte der Philosophie* 39, 1930.

MEIER, Andreas, "Körner, Christian Gottfried", in Walther Killy, *Literatur Lexikon. Autoren und Werke deutscher Sprache*. Munique, Bertelsmann Lexikon, 1990, vol.6.

MENGES, Franz, "Körner, Christian Gottfried", in *Neue deutsche Biographie*. Organizada pela Comissão de História da Academia de Ciências da Baviera. Berlim, Duncker & Humblot, 1980, vol.12.

6. Obras de Goethe e correspondência entre Schiller e Goethe

Sämtliche Werke. Münchner Ausgabe. Munique, Hanser Verlag, 1985ss., 32 vols.

Der Briefwechsel zwischen Schiller und Goethe. Organização de Hans Gerhard Gräf e Albert Leitzmann. Frankfurt, Insel, 1955, 3 vols.

Nota sobre as fontes e a tradução

As cartas de 25 de janeiro, 18,19, 23 e 28 de fevereiro de 1793 encontram-se no Schiller-Nationalmuseum, em Marbach am Neckar, cidade onde Schiller nasceu. A carta de 8 de fevereiro está depositada na Staats- und Universtätsbibliothek de Hamburgo; o apêndice da carta de 28 de fevereiro ("O belo na arte"), na Biblioteca Bodmeriana em Coligny, Genebra. A edição organizada por Rolf-Peter Janz (*Werke und Briefe* [12 vols.], vol.8: *Theoretische Schriften,* Frankfurt, Deutscher Klassiker, 1992) baseia-se nos manuscritos de Schiller, o que tornou possível a correção de alguns erros existentes na edição organizada por Fritz Jonas. De resto, essa edição foi confrontada com a que Edith Nahler preparava para o volume 26 da *Nationalausgabe.* A tradução que se vai ler beneficiou-se de todas as edições existentes, mas segue o texto da *Nationalausgabe.*

Nem todas as edições restituem integralmente as cartas de Schiller a Körner sobre *Kallias,* como é o caso, por exemplo, da organizada por Gerhard Frieke e Herbert G. Göpfert (F. Schiller, *Werke in drei Bänden,* Munique, Hanser 1958-59). A tradução portuguesa de Teresa Rodrigues Cadete (F. Schiller, *Textos sobre o belo, o sublime e o trágico,* Lisboa, Imprensa Nacional/Casa da Moeda, 1997) tomou por base esta edição abreviada. Entre as edições isoladas de *Kallias ou sobre a beleza,* apenas a de Klaus Berghahn traz as respostas de Körner. Para a melhor compreensão do desenvolvimento dos argumentos de Schiller, optei pela tradução integral não só de suas cartas, como também das respostas de Körner. Suprimi apenas os parágrafos da carta de Körner de 26 de fevereiro de 1793 e os da resposta de Schiller de 28 de fevereiro relativos a um infeliz episódio da vida pessoal de um amigo de ambos: o escritor Ludwig Ferdinand Huber (1764-1804). Os grifos dos autores foram fielmente mantidos.

As notas foram em boa medida baseadas no aparato crítico das diversas edições utilizadas, referidas na bibliografia. Em alguns casos, optou-se pela tradução das notas da *Nationalausgabe*.

A tradução do artigo "Até que ponto a idéia segundo a qual a beleza é perfeição com liberdade pode ser aplicada a naturezas orgânicas" foi feita a partir da seguinte edição: J.W. Goethe, *Sämtliche Werke*. Münchner Ausgabe, vol. 4.2. Munique, Hanser, 1986, p.185-8. Para o aparato crítico do texto, no qual também se encontra o bilhete de Goethe a Schiller traduzido acima, conferir p.1.043-6. Sou muito grato à minha amiga Gerda Queiroz, cuja familiaridade com a obra de Goethe foi de grande valia na revisão desta tradução.

Notas

1. Klaus L. Berghahn, "Anmerkungen", in F. Schiller, *Kallias oder über die Schönheit. Über Anmut und Würde*, p.139.

2. F. Schiller, *Schillers Briefwechsel mit Körner. Von 1784 bis zum Tode Schillers* (organizada por K. Goedeke). vol.1, p.402-3.

3. Ibid., p.439.

4. Ibid., carta de 25.05.1792, p.452.

5. Ibid., carta de 10.10.1792, p.471.

6. Ibid., p.473-4.

7. Ibid., p.474.

8. *Noch ungedruckte Fragmente aus Schillers aesthetischen Vorlesungen vom Winterhalbjahr 1792-93*, in *Geist aus Friedrich Schillers Werken*. Organização de Christian Friedrich Michaelis. vol.2. Leipzig, Baumgärtnerische Buchhandlung, 1806, p.241-84.

9. F. Schiller, *Fragmente aus Schillers aesthetischen Vorlesungen vom Winterhalbjahr 1792-93*, in *Werke. Nationalausgabe*. Cf. vol.21, *Philosophische Schriften. Zweiter Teil.* Editado por Benno von Wiese, com a colaboração de Helmut Koopmann, 1963, p.66-88. Para as citações seguintes da *Nationalausgabe*, inclusive nas notas à tradução de *Kallias*, será utilizada a abreviatura *NA*, seguida do número do volume e da página.

10. O ensaio "Sobre a arte trágica" foi publicado em 1792 na revista *Neue Thalia* (vol.1, n.2), editada por Schiller, e republicado em 1802 no quarto volume dos seus *Kleinere prosaische Schriften*. Já os textos "Do sublime. Para um desenvolvimento de algumas idéias kantianas" e "Sobre o patético" foram publicados em 1793 em *Neue Thalia* (vol.3, n.3 e 4, respectivamente), mas apenas o segundo foi incluído nos *Kleinere prosaische Schriften* (1801, vol.3), ao lado de "Sobre o sublime", cuja primeira redação é muito provavelmente de 1793.

11. O artigo "Pensamentos sobre o uso do comum e do baixo na arte" foi publicado pela primeira vez em 1802 no quarto volume dos *Kleinere prosaische Schriften*. A primeira versão de "Observações dis-

persas sobre diversos objetos estéticos" apareceu em outubro de 1794 na revista *Neue Thalia*. Uma nova versão, menor, figura naquele volume dos *Kleinere prosaische Schriften*. Cf. também F. Schiller, *Textos sobre o belo, o sublime e o trágico*.

12. F. Schiller, *Schillers Briefwechsel mit Körner. Von 1784 bis zum Tode Schillers*, op.cit., vol.1, p.480 e *NA* 26, p.170-1. Schiller se refere aqui à sua narrativa fantástica *Der Geisterseher. Eine interessante Geschichte aus den Papieren des Grafen von O*** hg. aus Herrn S.s Thalia*, publicada em 1788.

13. *NA* 26, p.173.

14. Para as informações seguintes, vide Andreas Meier, "Körner, Christian Gottfried", in Walther Killy, *Literatur Lexikon. Autoren und Werke deutscher Sprache*, vol.6, p.441-3; Franz Menges, "Körner, Christian Gottfried", in *Neue deutsche Biographie*, vol.12, p.377-8; Fritz Jonas, "Christian Gottfried Körner". Para um perfil de Körner, cf. Klaus L. Berghahn, "'Eines Freundes Freund zu sein'. Zum Briefwechsel zwischen Schiller und Körner".

15. Fritz Jonas, "Christian Gottfried Körner", op.cit., p.709-10.

16. *NA* 26, p.215.

17. Ibid., p.653.

18. Ibid., p.654.

19. Ibid., p.174.

20. Schiller se refere aos seguintes autores e livros: Edmund Burke, *A Philosophical Enquiry into the Origin of Ideas of the Sublime and Beautiful* (1765; tradução alemã: 1773); Sulzer, *Allgemeine Theorie der schönen Künste* (1771-1774); Daniel Webb, *Enquiry into the Beauties of Painting* (1760); Anton Raphael Mengs, *Gedanken über die Schönheit und den Geschmack in der Malerei* (1762); Winckelmann, *Geschichte der Kunst des Alterthums*; Henry Home, *Elements of Criticism* (1762-65; tradução alemã: 1763-66); Charles Batteaux, *Cours de belles lettres, ou Principes de la littérature* (1747-50; tradução alemã: 1756-58); Robert Woods, *An Essay on the Original Genius and Writings of Homer* (1768; tradução alemã: 1768); Moses Mendelssohn, *Über die Empfindungen*. Cf. *NA* 26, p.660-1.

21. F. Schiller, *Schillers Briefwechsel mit Körner. Von 1784 bis zum Tode Schillers*, op.cit., vol.2, p.4.

22. E. Lichtenstein, "Schillers 'Briefe über die ästhetische Erziehung' zwischen Kant und Fichte", in *Archiv für Geschichte der Philosophie* 39, p.106.

23. *NA* 26, p.188.

24. F. Schiller, *Schillers Briefwechsel mit Körner. Von 1784 bis zum Tode Schillers*, op.cit., vol.2, p.64.

25. *NA* 26, p.290.

26. F. Schiller, *Schillers Briefwechsel mit Körner. Von 1784 bis zum Tode Schillers*, op.cit., vol.2, p.87-8.

27. Ibid., p.91.

28. F. Schiller e J.W. Goethe, *Der Briefwechsel zwischen Schiller und Goethe*, vol.1, p.10.

29. *NA* 27, p.33.

30. *NA* 26, p.175.

31. Ibid., p.181-2.

32. Ibid., p.182-3.

33. *NA* 34.I, p.228.

34. *NA* 26, p.199-200.

35. Ibid., p.201.

36. Ibid., p.201-2.

37. Ibid., p.202-3.

38. Ibid., p.203.

39. *NA* 27, p.27.

40. *NA* 26, p.208.

41. Ibid., p.205.

42. Ibid., p.208-9.

43. Ibid., p.209.

44. Ibid., p.223.

45. Ibid., p.223.

46. Ibid., p.223-4.

47. Ibid., p.225.

48. Ibid., p.225.

49. Ibid., carta ao duque de Augustenburg, 9 de fevereiro de 1793, p.184.

50. Werner Strube, "Schillers Kallias-Briefe oder über die Objektivität der Schönheit"; Siegbert Latzel, "Die ästhetische Vernunft. Bemerkungen zu Schillers 'Kallias' mit Bezug auf die Ästhetik des 18. Jahrhunderts"; Jacques Taminiaux, *La nostalgie de la Grece a l'aube de l'idealisme*.

51. *NA* 27, p.71.

Kallias
ou
Sobre a beleza

A correspondência entre Schiller e Körner,
janeiro-fevereiro de 1793

Iena, 25 de janeiro de 1793

Embora não me tenha encontrado melhor, até agora não veio nenhuma tempestade, e se passaram seis dias desde que o paroxismo do ano passado me atacou. Meu receio não era desânimo, não era mero capricho hipocondríaco.[1] Sou muito disposto a males catarrentos, os quais são produzidos principalmente pelo inverno, e minhas duas febres provocadas por inflamações foram catarrentas. As mesmas causas produzem os mesmos efeitos. Tenho pois de temer o inverno, em consideração ao meu peito, do mesmo modo que o verão e a primavera, em consideração às minhas cãibras. Estou assim posto diante de uma clara alternativa, e cada signo do zodíaco me traz um outro padecimento. E o melhor que posso desejar racionalmente é permanecer assim ainda por um bom tempo, pois toda alteração que tenho a esperar é de que isso piore.

Minhas ocupações me mantêm, graças a Deus, ainda bastante aprumado.[2] As investigações sobre o belo, das quais quase nenhuma parte da estética deve ser separada, conduzem-me a um campo muito vasto, no qual se encontram terras ainda inteiramente estranhas para mim. E, no entanto, é preciso simplesmente que eu me tenha apoderado do todo, se devo realizar algo satisfatório. A dificuldade de estabelecer objetivamente um conceito da beleza e de legitimá-lo inteiramente a priori a partir da natureza da razão, de modo que a experiência a rigor o confirme cabalmente, mas que não careça de modo algum desse pronunciamento da experiência em prol de sua validade, essa dificuldade é quase ilimitada. Eu realmente tentei uma dedução do meu conceito do belo, mas não se pode passar sem o testemunho da experiência. Essa dificuldade permanece sempre, pois minha explicação é admitida meramente porque se acha que ela concorda com os juízos de gosto singulares, e não (como no entanto deve ser num conhecimento a partir de princípios objetivos) porque se acha que seu juízo sobre o belo singular na experiência é correto por estar de acordo com a minha explicação. Você dirá que isso é exigir demais; mas enquanto não se chegar até esse ponto, o gosto permanecerá sempre empírico, o que Kant, do mesmo modo, considera inevitável.[3] Mas é justamente dessa inevitabilidade do empírico, dessa impossibilidade de um princípio objetivo para o gosto que não posso ainda me convencer.

É interessante notar que minha teoria é uma quarta forma possível de explicar o belo. Explica-se o belo objetiva ou subjetivamente;[4] e, a rigor, ou de modo subjetivo sensível (como Burke e outros),[5] ou subjetivo racional (como Kant),[6] ou objetivo racional (como Baumgarten, Mendelssohn e todo o bando dos homens da perfeição),[7] ou, por fim, de modo objetivo sensível:[8] um termo que decerto não lhe dirá muito agora, a não ser se você comparar entre si as três outras formas. Cada uma dessas três teorias anteriores detém uma parte da experiência e contém manifestamente uma parte da verdade; e o erro parece ser meramente que se tenha tomado essa parte da beleza, que concorda com ela, pela beleza mesma. O burkiano tem toda a razão contra o wolffiano por afirmar a imediatidade do belo, sua independência de conceitos; mas ele não tem razão contra o kantiano ao colocá-lo na mera afectibilidade da sensibilidade. A circunstância de que de longe a maioria das belezas da experiência, que lhes pairam no pensamento, não são belezas inteiramente livres, e sim seres lógicos que estão sob o conceito de um fim, como todas as obras de arte e a maioria das belezas da natureza, essa circunstância parece ter induzido ao erro todos os que põem a beleza numa perfeição intuível; pois assim o bem lógico foi confundido com o belo. Kant quer cortar esse nó porque admite uma pulchritudo vaga e fixa, uma beleza livre e intelectual, e ele afirma, o que é algo estranho, que toda beleza que esteja sob o conceito de um fim não é uma beleza pura: que assim um arabesco ou algo semelhante, considerado como beleza, é mais puro do que a suprema beleza do homem.[9] Acho que sua observação pode ter a grande utilidade de separar o lógico do estético, mas no fundo ela me parece perder inteiramente o conceito da beleza. Pois a beleza se mostra no seu supremo esplendor justamente quando supera a natureza *lógica* do seu objeto, e como pode ela superar onde não há nenhuma resistência? Como pode ela dar sua forma à matéria inteiramente informe? Estou ao menos convencido de que a beleza é apenas a forma de uma forma e que o que se chama a sua matéria tem de ser simplesmente uma matéria formada. A perfeição é a forma de uma matéria; em contrapartida, a beleza é a forma dessa perfeição, que está pois para a beleza como a matéria para a forma.

Escrevi-lhe aqui muitas coisas de modo confuso, e talvez abra mais a cortina, caso seja apanhado de novo por um humor loquaz.

Adeus. Mil lembranças de todos nós a vocês.

Seu S.

Notas

1. Numa carta de 18 de janeiro, Körner sugere que a preocupação de Schiller com o seu estado de saúde era por demais sujeita a analogias temporais. Médico a contragosto, Schiller morreu aos 45 anos vítima de tuberculose. Cf. Benno von Wiese, *Schiller. Eine Einführung in Leben und Werk* (Sttutgart, Reclam, 1955), p.47-9.

2. Schiller se refere aqui às suas preleções sobre estética do semestre de inverno, que começara a oferecer a 5 de novembro do ano anterior.

3. A possibilidade de um *critério objetivo para o gosto* é enfaticamente negada por Kant: "Não pode haver nenhuma regra de gosto objetiva que determine através de conceitos o que seja belo. Pois todo juízo proveniente dessa fonte é estético; isto é, o sentimento do sujeito, e não o conceito de um objeto, é seu fundamento determinante. Procurar um princípio do gosto, que forneça o critério universal do belo através de conceitos determinados, é um esforço infrutífero, porque o que é procurado é impossível e em si mesmo contraditório. A comunicabilidade universal da sensação (da complacência ou descomplacência), e na verdade uma tal que ocorra sem conceito, a unanimidade, o quanto possível, de todos os tempos e povos com respeito a esse sentimento na representação de certos objetos, é o critério empírico, se bem que fraco e suficiente apenas para a suposição da derivação de um gosto, tão confirmado por exemplos, do profundamente oculto fundamento comum a todos os homens, da unanimidade no ajuizamento das formas sob as quais lhes são dados os objetos". Immanuel Kant, *Crítica da faculdade do juízo*, trad. Valerio Rohden e António Marques, Rio de Janeiro, Forense Universitária, 1993, §17, B53. Nas citações seguintes será usada a abreviatura CFJ.

Kant volta ao problema no §34: "Não é possível nenhum princípio objetivo de gosto." Ele escreve: "Por um princípio do gosto entender-se-ia uma premissa sob cuja condição se pudesse subsumir o conceito de um objeto e, então, por uma inferência descobrir que ele é belo. Mas isso é absolutamente impossível. Pois eu tenho que sentir o prazer imediatamente na representação do objeto, e ele não pode ser-me impingido por nenhum argumento. Pois embora os críticos, como diz Hume, possam raciocinar mais plausivelmente do que cozinheiros, possuem contudo destino idêntico a estes. Eles não podem esperar o fundamento de determinação de seu juízo da força de argumentos, mas somente da reflexão do sujeito sobre seu próprio estado (de prazer ou desprazer), com rejeição de todos os preceitos e regras" (*CFJ*, B143).

4. Sobre a tensão entre objetivismo e subjetivismo na concepção da beleza, cf. F. Schiller, *A educação estética do homem. Numa série de cartas* (tradução de Roberto Schwarz e Márcio Suzuki. São Paulo, Iluminuras, 1990), carta 18, p.96.

5. Segundo Edmund Burke (1729-1797), o juízo estético é determinado por sentimentos e impermeável a critérios universais. Schiller se refere aqui à conhecida obra de Burke, *A Philosophical*

Enquiry into the Origin of our Ideas of the Sublime and Beautiful (Londres, 1756, tradução alemã publicada em Riga em 1773). Nos *Fragmentos das preleções sobre estética de Schiller no semestre de inverno de 1792-93* lê-se o seguinte sobre ele: "*Burke* diz que a beleza suscita inclinação sem desejo de posse; uma explicação verdadeira, mas apenas subjetiva. O predicado da beleza é mais usado para coisas pequenas do que para grandes. Assim, a grandeza desperta mais veneração do que amor, talvez porque a grandeza tenha para nós algo que apequena; freqüentemente o temor excita e nos fatiga, enquanto acontece o contrário no âmbito do pequeno. *Burke* diz, não sem razão, que lisura é essencial ao belo; essa lisura refere-se a todos os cinco sentidos. Mas *Burke* inclui aqui o *agradável* no belo. As suaves, sucessivas transições das ondulações, a evitação de todo o asqueroso, a graça, constituem a beleza. *Burke* explica isso meramente a partir da influência sobre o olho, o que se deixa explicar a partir do entendimento. Além disso, *Burke* inclui a *delicadeza* na beleza, o terno e quase fraco. O belo tem de ser proporcionalmente pequeno, tem de ter superfícies lisas, cores suaves, modificações graduais na direção das linhas, tem de ser mais terno do que forte; essa é aproximadamente a descrição do belo de *Burke*. O efeito relaxante é o característico que *Burke* atribui à beleza. Errônea apenas é a inclusão aqui do *agradável*, pelo que a *comunicabilidade universal* do belo é restringida; além disso, ele deduz a verdadeira beleza apenas de causas *físicas*, enquanto ela tem de basear-se num princípio da razão" (*NA* 21, p.76).

6. Para Kant, o juízo *de gosto* é antes de tudo um *juízo*, envolvendo pois as faculdades de conhecimento. E por ser um juízo, é passível de uma análise segundo as quatro funções lógicas do julgar: qualidade, quantidade, relação e modalidade. Como o juízo de gosto é *estético*, o momento da qualidade acede ao primeiro plano da análise. Daí a estrutura da analítica do belo, cujo resultado final pode ser resumido do seguinte modo: belo é o objeto de uma consideração desinteressada que, sem a mediação de conceitos (portanto, sem a representação de um fim no objeto), apraz universal e necessariamente.

O juízo de gosto é *subjetivo* porque a beleza não é uma propriedade das coisas, um predicado objetivo, mas um sentimento do sujeito. Com os sensualistas (como Burke), Kant afirma o caráter subjetivo do juízo de gosto. Mas, contra os sensualistas, Kant admite o direito de o juízo de gosto erguer uma pretensão de validade universal para esse sentimento. Nisso consiste o seu momento *racional.* “O juízo de gosto determina seu objeto com respeito à complacência (como beleza) com uma pretensão de assentimento de *qualquer um*, como se fosse objetivo” (*CFJ*, §32, p.136). No entanto — e contra os racionalistas dogmáticos —, Kant fundamenta esse direito sobre um princípio subjetivo: o *sensus communis* estético como uma garantia da comunicabilidade universal do sentimento de prazer.

7. Schiller se refere aqui aos estetas racionalistas da escola de Leibniz e Wolff, ou seja, Alexander Gottlieb Baumgarten (1714-1762), seu discípulo Georg Friedrich Meier (1718-1777) e Moses Mendelssohn (1729-1786). Schiller os chama de “homens da perfeição” porque, ao contrário dos sensualistas e de Kant, admitem um critério objetivo para o belo: a perfeição do objeto — a perfeição sensível. O belo é tomado como objeto do conhecimento lógico. Kant voltou-se explicitamente contra essa tese no §15 da *CFJ*: “O juízo de gosto é totalmente independente do conceito de perfeição” (B44-8). Nos *Fragmentos das preleções sobre estética de Schiller no semestre de inverno de 1792-93*, a distinção kantiana entre o belo e o perfeito é retomada (*NA* 21, p.74-75).

8. Ao sublinhar o aspecto sensível, Schiller admite, com os sensualistas e Kant, o momento subjetivo do juízo de gosto. Mas, ao contrário de Kant, Schiller busca um fundamento *in re* para o belo. Daí sua ênfase no aspecto objetivo, embora não no mesmo sentido em que o racionalismo dogmático o fazia. Afinal, Schiller subscreve a crítica de Kant aos racionalistas dogmáticos, segundo a qual a beleza não se confunde com a perfeição.

9. Schiller se refere aqui ao §16 da *CFJ*: “O juízo de gosto, pelo qual um objeto é declarado belo sob a condição de um conceito determinado, não é puro.” Kant escreve: “Há duas espécies de beleza: a beleza livre (pulchritudo vaga) e a beleza simplesmente aderente (pulchritudo adhaerens). A primeira não pressupõe nenhum conceito do que o objeto deva ser; a segunda pressupõe um tal conceito e a perfeição do objeto segundo o mesmo. Os modos da primeira chamam-se belezas (por si subsistentes) desta ou daquela coisa; a outra, como aderente a um conceito (beleza condicionada), é atribuída a objetos que estão sob o conceito de um fim particular” (B48-9). Para Kant, flores, crustáceos e pássaros como o papagaio, o colibri e a ave-do-paraíso são belezas livres, assim como também o são os “desenhos *à la grecque*, a folhagem para molduras ou sobre papel de parede”, ou “o que na música denominam-se fantasias (sem tema), e até a inteira música sem texto”, já que “por

si não significam nada; não representam nada, nenhum objeto sob um conceito determinado" (B49). "No entanto, a beleza de um ser humano (e dentro desta espécie a de um homem ou uma mulher ou um filho), a beleza de um cavalo, de um edifício (como igreja, palácio, arsenal ou casa de campo) pressupõe um conceito do fim que determina o que a coisa deve ser, por conseguinte um conceito de sua perfeição, e é, portanto, beleza simplesmente aderente" (B50).

"Para ajuizar uma beleza da natureza como tal, não preciso ter antes um conceito de que coisa um objeto deve ser; isto é, não preciso conhecer a conformidade a fins material (o fim), mas a simples forma sem conhecimento do fim apraz por si própria no ajuizamento. Se, porém, o objeto é dado como um produto da arte e como tal deve ser declarado belo, então tem que ser posto antes como fundamento um conceito daquilo que a coisa deve ser, porque a arte sempre pressupõe um fim na causa (e na sua causalidade); e visto que a consonância do múltiplo em uma coisa em vista de uma destinação interna da mesma como fim é a perfeição da coisa, assim no ajuizamento de uma beleza da arte tem que ser tida em conta ao mesmo tempo a perfeição da coisa ... . Na verdade, no ajuizamento principalmente dos objetos animados da natureza, por exemplo, do homem ou de um cavalo, é habitualmente tomada também em consideração a conformidade a fins objetiva para julgar sobre a beleza dos mesmos; então, porém, o juízo também não é mais puramente estético, isto é, um simples juízo de gosto. A natureza não é mais ajuizada enquanto ela aparece como arte, mas na medida em que ela é efetivamente arte (embora sobre-humana); e o juízo teleológico serve ao juízo estético como fundamento e condição que este tem que tomar em consideração. Em um tal caso — por exemplo, quando se diz: 'esta é uma mulher bonita' — também não se pensa senão isto: a natureza representa belamente em sua figura os fins presentes na estrutura feminina; com efeito, tem-se que estender a vista, para além da simples forma, até o conceito, para que o objeto seja dessa maneira pensado através de um juízo estético logicamente condicionado" (B188-9).

Cf. também *Fragmentos das preleções sobre estética*, especialmente as seções "Diferença entre o belo, o agradável e o bom", "Explicação do belo segundo Kant" e "Do critério do belo e do ideal estético" (*NA* 21, p.72-6, 77-80).

Dresden, 4 de fevereiro de 1793

Sua carta me deu muito material para reflexão. Enquanto comparava suas idéias com os resultados de minha própria reflexão, tornou-se-me mais claro muito do que até agora pressentia apenas obscuramente. Nosso processo alquímico segue adiante, e talvez tenhamos êxito em encontrar, apesar de Kant, a pedra filosofal.[1]

Você sente a necessidade de fundar uma teoria do belo independente de toda *autoridade*. Procuramos um fundamento da classificação do belo e do não-belo que não seja arbitrário e sim *necessário*.

Não atingimos essa meta se analisamos o belo como dado pela experiência, como um produto da natureza, e procuramos determinar seus traços característicos. Enquanto reconhecemos algum objeto como *belo*, pressupomos um juízo próprio ou estranho como decisivo, pois queremos pôr em prova primeiramente o arbitrário ou não-arbitrário desses juízos.

Deixe-nos investigar como distinguimos em *outras classificações* o não-arbitrário do arbitrário.[2]

Classificar é a segunda operação do nosso entendimento; a primeira é *distinguir*. A partir do caos do material representável, é retirado um objeto singular através da observação de suas *diferenças* perante a massa restante, obtendo-se assim uma *representação*. Em muitos objetos representados são percebidas *diferenças comuns* com outros objetos, e ordenamos, classificamos, formamos *conceitos*.

O objetivo, dado, não-arbitrário do *conceito* são pois as diferenças comuns desses objetos perante outros objetos. Esse material do conceito não é imaginado, e sim percebido, produzido não mediante *ilusão subjetiva*, e sim *objetiva*. E toda prova do nosso conhecimento termina pela diferença entre ilusão subjetiva e objetiva. Podemos protestar apenas diante da influência do que é pessoal; a aparência *universal* e *duradoura* vale para nós como verdade ou temos de renunciar a todo conhecimento.

Entre as diferenças comuns dos objetos encontra-se seu *efeito agradável* ou *desagradável* sobre nossa faculdade de sentir. Mas essas diferenças oferecem apenas classes *relativas* com respeito à receptibilidade de todo sujeito singular.

Deixe-nos pois abstrair da *relação* dos objetos com o *sujeito* que os considera e compará-los *isoladamente* entre si.

O que comparamos nos objetos é grandeza, constituição [*Beschaffenheit*] ou relação.

Na *constituição* distinguimos entre *matéria* e *forma*.

A matéria da constituição consiste nos *traços característicos individuais* das partes do objeto. (Múltiplo).

A forma da constituição é a ligação dessas partes com um *todo*. (Unidade).

A ligação das partes com um todo pressupõe uma *força dominante*, à qual as forças das partes singulares estão subordinadas.

Distinguimos a preponderância da força dominante da preponderância das forças subordinadas, e chamamos àquela beleza, perfeição etc. — esta, fealdade, decadência, imperfeição etc.

Postulo por enquanto este princípio, até que tenha mostrado pela aplicação a casos concretos que, onde encontramos a beleza, é notada uma vitória da força criadora e mantenedora sobre o caos dos elementos do todo.

Considero primeiramente objetos *simples*, cores, sons, movimentos, pensamentos, ações.

Um corpo colorido reflete em sua superfície apenas uma certa parte dos raios de luz. Que ele reflita *essa* parte em sua pureza é a meta da força que fundamenta o *todo* das cores. Essa força é limitada pela atividade das partes heterogêneas. Daí o caráter sujo das cores.

Um corpo sonoro distingue-se pela *unidade* das vibrações em todas as suas partes elásticas. Se essa unidade é destruída pelas partes sonoras singulares, surge um *ruído*. Quanto menos ruído, tanto mais belo o som.

Sem a resistência dos elementos singulares vencida não há nenhuma intuição da realidade de um todo. Num movimento em linha *reta* não há nenhuma resistência. A linha ondulatória tem uma direção dominante, mas ligada com o rastro de direções opostas vencidas.

A matéria de um *pensamento* parece resistir a toda ligação ou exigir uma outra composição; mas a faculdade de pensar a domina [a matéria].

As circunstâncias externas exortam ações opostas, mas a vontade do agente mantém a preponderância.

Segundo esta analogia considero objetos *compostos*, nos quais se nota beleza, como:

Relação — grandeza das partes dependente, não de forças heterogêneas, mas da força dominante do todo.

Contorno — vitória da força formadora ou da coesão sobre as forças resistentes das partes, por exemplo, no caso da cúpula ou do vaso sobre a gravidade.

Acorde — unidade preponderante das vibrações sonoras sobre sua diversidade.

Essas são as composições do coexistir. No âmbito do *sucessivo* vale justo essa analogia.

Dança-mímica — predomínio da força dominante numa série de movimentos.

Melodia-harmonia — uma série de sons singulares ou acordes subordinada à força dominante.

Obra de orador ou poeta — uma série de pensamentos, imagens, sensações subordinada à idéia dominante.

Caráter — uma série de ações subordinada a uma vontade.

Na relação da força dominante com as forças dos elementos do todo distingo três estados do positivo:

a) vitória sobre as forças resistentes em relação a um fim *particular* no interior ou fora do objeto — perfeição.

b) vitória decisiva sobre as forças resistentes em relação ao fim *universal* de todos os seres vivos, a ampliação dos seus limites — grandeza (caso a resistência tenha sido difícil de ser vencida)

c) vitória a custo conseguida com o perigo de ser dominado — beleza (linha média)

Explico o aprazer do belo a partir da simpatia que é despertada pelo intuir da *vida* em objetos externos. Daí o entusiasmo na contemplação do belo — e também o empenho de ampliar seus próprios limites.

O *relativo* no gosto surge da diversidade dos juízos sobre a questão se a força dominante ou as forças resistentes têm a preponderância. O que para um é vazio ou sobrecarregado, para outro é simples ou rico.

Envio-lhe estes pensamentos em sua forma rude. O que me ocorrer além disso, da próxima vez.

Mil saudações de Minna e Dora.

Seu Körner

Notas

1. Também Körner admitia a possibilidade de um princípio objetivo para o belo. Cf. suas cartas a Schiller de 13 de março de 1791, 15 de fevereiro, 4 e 7 de março, 21 de outubro e 25 de novembro de 1793 (*NA* 34.I).

2. Nos dois parágrafos seguintes, Körner faz referência às observações de Kant sobre o conhecimento na abertura da "lógica transcendental" da *Crítica da razão pura* (trad. Valerio Rohden,

São Paulo, Abril, 1978, B74): "Nosso conhecimento surge de duas fontes principais do ânimo, cuja primeira é receber as representações (a receptividade das impressões) e a segunda a faculdade de conhecer um objeto por essas representações (espontaneidade dos conceitos); pela primeira um objeto nos é *dado*, pela segunda é *pensado* em relação com essa representação (como simples determinação do ânimo). Intuição e conceito constituem, pois, os elementos de todo o nosso conhecimento, de tal modo que nem conceitos sem uma intuição de certa maneira correspondente a eles nem intuições sem conceitos podem fornecer um conhecimento."

Iena, 8 de fevereiro de 1793

Pelo aparecimento desta carta você vê que o anjo exterminador não passou por mim até agora. Completam-se exatamente três semanas desde que fiquei doente no ano passado e quatro semanas desde que adoeci há dois anos.[1] Tenho pois uma esperança muito provável de que minha natureza vencerá ao menos o inverno.[2] Meus afazeres seguem sem entraves, e a atividade me mantém à tona. Mas nada ainda estará pronto até a feira da Páscoa. O problema quer ser meditado.[3]

Sua carta, que recebi há poucas horas, alegrou-me muito e colocou-me num estado de ânimo em que talvez consiga uma breve apresentação de minha idéia da beleza. Quão próximos chegamos um do outro em nossas idéias, logo você o verá, e talvez encontre certas idéias, apenas *pressentidas* por você, mais elucidadas em *minha* representação do belo. Suas expressões *vida* em objetos externos, força *dominante* e *vitória* da força dominante, forças *heterogêneas*, forças *resistentes* e outras são demasiadamente indeterminadas para que você pudesse estar seguro de não ter colocado nelas nada de arbitrário, nada de contingente; elas são mais *estética* do que *logicamente claras* e, por isso, perigosas.

Então um kantiano continua podendo causar-lhe embaraço com a pergunta sobre o princípio de conhecimento segundo o qual o gosto procede? Você fundamenta sua idéia de uma força dominante sobre a idéia de um todo, sobre o conceito da unidade do que foi ligado, do múltiplo, mas em que se conhece essa unidade? Manifestamente apenas através de um conceito; é preciso ter um conceito de um todo, com o qual o múltiplo deve concordar. Sua *força dominante* e a *perfeição sensível* da escola wolffiana não se encontram muito distantes uma da outra, pois o processo do ajuizamento é em ambos os casos lógico. Ambos pressupõem que se coloque um conceito sob o ajuizamento. Pois bem, Kant está manifestamente correto ao dizer que o belo apraz *sem* conceito;[4] posso já ter achado belo um belo objeto muito antes de simplesmente ser capaz de indicar a unidade do *seu* múltiplo e de determinar o que é a força dominante no mesmo.

De resto, falo aqui mais como kantiano, pois é possível ao final que também minha teoria não fique inteiramente livre dessa repreensão. Tenho diante de mim um duplo caminho para lhe introduzir em minha teoria; um muito divertido e fácil, *através da experiência,* e um muito insípido, através de conclusões racionais. Deixe-me preferir o último; pois uma vez percorrido *este,* tanto mais agradável é o restante.

* * *

Nós nos comportamos diante da *natureza* (como fenômeno) ou *passiva* ou *ativamente*, ou passiva e ativamente *ao mesmo tempo.*

Passivamente: quando apenas *sentimos* seus efeitos; *ativamente* quando *nós* determinamos seus efeitos; ambos ao *mesmo tempo* quando os *representamos.*

Existem dois modos de representar os fenômenos. Ou estamos intencionalmente voltados para o seu conhecimento: nós os *observamos*; ou nos deixamos convidar pelas coisas mesmas para sua representação. Nós meramente as *contemplamos.*

Na *contemplação* do fenômeno, nos comportamos *passivamente* enquanto sentimos suas impressões; *ativamente*, enquanto submetemos essas impressões às nossas *formas da razão* (esta proposição é postulada a partir da lógica).

Os fenômenos têm de orientar-se em nossa representação pelas condições formais da faculdade de representação (pois justamente isso os torna *fenômenos*), têm de receber a forma do nosso sujeito.

Todas as representações são um múltiplo ou matéria; o modo de ligação desse múltiplo é *sua* forma. A *sensibilidade* dá o múltiplo; a razão (na acepção mais ampla) dá a ligação, pois razão quer dizer faculdade da ligação.

Se pois um múltiplo é dado à sensibilidade, então a razão tenta conferir-lhe sua forma, ou seja, ligá-lo segundo suas leis.

A forma da razão é a maneira pela qual ela manifesta sua força de ligação. Existem, porém, duas diferentes manifestações principais da força de ligação, e assim também duas formas principais da razão. A *razão* ou liga representação com representação, tendo em vista o conhecimento (razão teórica), ou liga representações com a vontade, tendo em vista a ação (razão prática).[5]

Assim como existem duas diferentes formas da razão, existem também duas matérias para cada uma dessas formas. A razão teórica aplica sua forma a representações, e estas se deixam dividir em [representações] imediatas (intuição) e mediatas (conceitos). Aquelas são dadas pela sensibilidade, estas pela razão mesma (embora não sem a intervenção da sensibilidade). Nas primeiras, na intuição, é contingente se elas concordam com a forma da razão; nos conceitos é necessário, se não devem suprimir a si mesmas. Aqui a razão encontra pois uma concordância com a sua forma; lá ela se surpreende ao encontrá-la.

O mesmo se dá com a razão prática (atuante). Ela aplica sua forma a ações, e estas se deixam considerar ou como ações livres ou como não-livres, como ações através da razão ou não. A razão prática exige das primeiras justamente o que a [razão] teórica [exige] dos conceitos. A concordância das ações livres com a forma da razão prática é pois necessária; a concordância de ações *não-livres* com essa forma é contingente.

Por isso nos expressamos mais corretamente quando chamamos aquelas representações que não existem pela razão teórica e, no entanto, concordam com a sua forma, imitações de conceitos, e aquelas ações que não existem pela razão prática e, no entanto, concordam com a sua forma, imitações de ações livres; numa palavra, se chamamos ambas as espécies de analogia da razão.

Um conceito não pode ser uma imitação da razão, pois ele existe através da razão, e a razão não pode imitar a si mesma; ele não pode ser apenas *análogo* à razão, tem de ser efetivamente conforme à razão. Uma ação da vontade não pode ser apenas análoga à liberdade; tem de ser — ou ao menos deve ser — efetivamente livre. Em contrapartida, um efeito mecânico (todo efeito através de lei natural) nunca pode ser ajuizado como efetivamente *livre*, e sim apenas análogo à liberdade.

Quero deixar que você tome alento aqui por um instante, particularmente para chamar sua atenção para o último parágrafo, pois provavelmente precisarei dele no que se segue para responder a uma objeção que espero de você contra minha teoria. Sigo adiante.

A razão teórica se dirige ao conhecimento. Assim, enquanto submete um dado objeto a sua forma, ela examina se há um conhecimento a ser feito a partir disso, ou seja, se ele pode ser ligado a uma representação já existente. Pois bem, a representação dada é ou um conceito ou uma intuição. Se ela é um conceito, então já está necessariamente referida através do seu surgimento, através dela mesma, à razão, e uma ligação que já existe é apenas proferida. Um relógio, por exemplo, é uma tal representação. Ela é ajuizada apenas segundo o conceito através do qual surgiu. A razão precisa pois apenas descobrir que a representação dada é um conceito; e justamente por isso decide que ela [a representação] concorda com a sua forma.

Mas se a representação dada é uma intuição, e no entanto deve a razão descobrir uma concordância da mesma com a sua forma, então ela tem de *emprestar* (regulativamente, e não, como no primeiro caso, constitutivamente) à representação dada, e para o seu próprio uso [*Behuf*], uma origem através da razão teórica para poder ajuizá-la [a representação] segundo a razão. Ela introduz, portanto, pelos seus próprios meios, um fim no objeto dado e decide se ele é conforme a esse fim. Isto acontece em todo ajuizamento *teleológico* da natureza, aquilo em todo ajuizamento *lógico* da natureza. O objeto do [ajuizamento] lógico é a *conformidade à razão* [*Vernunftmäßigkeit*], o objeto do [ajuizamento] teleológico é a *similaridade à razão* [*Vernunftähnlichkeit*].

Suponho que você se *surpreenderá* por não encontrar a beleza sob a rubrica da razão teórica e que isso o deixará bastante inquieto. Mas não posso sequer lhe socorrer; ela certamente não se encontra na razão teórica, pois é simplesmente independente de conceitos; e como tem de ser seguramente procurada na *família da razão,* e além da razão teórica não existe outra senão a prática, teremos então de procurá-la e também encontrá-la justo aqui. E penso também que você deve, ao menos no que se segue, se convencer de que esse parentesco não a desonra.

A razão prática abstrai de todo conhecimento e tem a ver apenas com determinações da vontade, ações interiores. Razão prática e determinação da vontade a partir da mera razão são a mesma coisa. A *forma* da razão prática é a ligação imediata da vontade com representações da razão, portanto, *exclusão de todo* fundamento de determinação *externo;* pois uma vontade que não é determinada pela mera forma da razão prática é determinada do exterior, materialmente, heteronomamente. Portanto, admitir ou imitar a forma da razão prática quer dizer apenas: não ser determinado do exterior, e sim por si mesmo, ser determinado autonomamente ou assim aparecer.

Pois bem, a razão prática, assim como a teórica, pode aplicar sua forma tanto ao que existe por ela mesma (ações livres), como também ao que não existe por ela (efeitos naturais).

Se ela refere a sua forma a uma ação da vontade, então ela determina meramente o que é; afirma se a ação é aquilo que ela quer e *deve* ser. Toda ação moral é dessa espécie. É um produto da vontade pura, ou seja, da vontade determinada pela mera forma, portanto, autonomamente; e assim que a razão a reconhece, assim que ela sabe que é uma ação da vontade pura, torna-se já também compreensível por si mesmo que ela é conforme a forma da razão prática, pois ambas as coisas são inteiramente idênticas.

Se o objeto ao qual a razão prática aplica sua forma não existe pela vontade, pela razão prática, então ela procede com ele do mesmo modo que a [razão] teórica o fez com as intuições que mostravam similaridade à razão. Empresta ao objeto (regulativamente, e não constitutivamente, como no ajuizamento moral) uma faculdade de determinar a si mesmo, uma vontade, e o considera em seguida sob a forma dessa vontade *dele* (e não da vontade *dela,* pois senão o juízo tornar-se-ia um juízo moral). Afirma sobre ele, a saber, se ele é *aquilo* que é por *sua vontade pura,* ou seja, pela sua força autodeterminadora; pois uma vontade pura e a forma da razão prática são a mesma coisa.

De uma *ação da vontade* ou ação moral ela exige *imperativamente* que seja pela forma pura da razão; de um *efeito natural* pode no entanto esperar (e não exigir) que ele *seja por si mesmo,* que mostre autonomia. (Mas aqui é preciso novamente notar que a razão prática não pode de modo algum requerer de um tal objeto que ele seja por *ela,* quer dizer, pela razão prática; pois então ele não seria determinado por *si* mesmo, autonomamente, e sim por algo exterior (porque toda determinação pela razão está para ele como algo exterior, como heteronomia), portanto, determinado por uma vontade estranha.) A *autodeterminação pura* em geral é a forma da razão prática. Assim, se um ser racional age, então ele tem de agir a partir da *razão pura*, se deve mostrar uma autodeterminação pura. Se um mero ser natural age, então ele tem de agir a partir da *natureza pura*, se deve mostrar uma autodeterminação pura; pois o si mesmo [*das Selbst*] do ser racional é a razão, o si mesmo do ser natural é a natureza. Pois bem, se na consideração de um ser natural a razão prática descobre que ele é determinado por si mesmo, então ela lhe atribui (como a razão teórica, no mesmo caso, concede *similaridade à razão* a uma intuição) *similaridade à liberdade* [*Freiheitsähnlichkeit*] ou, numa palavra, *liberdade*. Mas porque essa liberdade é apenas emprestada pela razão ao objeto, *como nada pode ser livre a não ser o supra-sensível, e a liberdade mesma como tal nunca pode cair sobre os sentidos* — numa palavra — como se trata aqui apenas de que um objeto *apareça* como livre, e não que o *seja* efetivamente: então essa analogia de um objeto com a forma da razão prática não é liberdade de fato, e sim meramente *liberdade no fenômeno, autonomia no fenômeno.*

Disso resulta, pois, um quádruplo modo de ajuizamento e, como seu correlato, uma quádrupla classificação do fenômeno representado.

O ajuizamento de *conceitos*, segundo a forma do conhecimento, é lógico: o ajuizamento de intuições, precisamente segundo essa forma, é teleológico. Um ajuizamento de efeitos livres (ações morais), segundo a forma da vontade pura, é moral; um ajuizamento de efeitos não-livres, segundo a forma da vontade pura, é estético. A *concordância* de um conceito com a forma do conhecimento é *conformidade à razão* (verdade, conformidade a fins, perfeição, são meras relações destes últimos); a *analogia* de uma intuição com a forma do conhecimento é *similaridade à razão* (gostaria de chamá-la teleofania, logofania);[6] o acordo de uma ação com a forma da vontade pura é a *eticidade* [*Sittlichkeit*]. A analogia de um fenômeno com a forma da vontade pura ou da liberdade é a *beleza* (no seu significado mais amplo).

A beleza não é pois outra coisa senão liberdade no fenômeno.[7]

Tenho de interromper aqui, pois desejo esta carta logo em suas mãos e estou extremamente ávido pela sua resposta. Do pouco que disse aqui você pode já prognosticar e adivinhar muito. Alegro-me também se você mesmo encontrar alguns resultados. Escreva-me logo e minuciosamente. Ofereço já vinte táleres para falar-lhe por algumas horas; certamente nossas idéias se desenvolveriam ainda melhor pela fricção. Adeus. Cordiais saudações de minha mulher e minha cunhada a todos vocês. O que você diz do que se passa na França? Eu efetivamente já comecei um escrito a favor do rei, mas não me senti bem com isso, e assim ele ainda se encontra aqui diante de mim. Há 14 dias que não mais posso ler nenhum jornal francês, tanto me repugnam esses miseráveis carrascos.[8]

Adeus.

Seu S.

Notas

1. Schiller se refere a duas fortes crises de saúde ocorridas nos meses de janeiro de 1791 e de 1792.

2. As expectativas de Schiller quanto ao seu estado não se confirmaram. Em meados de fevereiro ele voltou a sofrer com suas câibras; a 22 de março passou mal durante uma de suas preleções de estética, vendo-se assim obrigado a suspendê-las.

3. Os afazeres aos quais Schiller se refere eram suas preleções de estética, cujos preparativos lhe demandavam muitas horas de leitura. Ao mesmo tempo que preparava e apresentava suas preleções, Schiller refletia sobre o projeto de *Kallias*. Mas, como se pode ver, ele já não mais contava em tê-lo "pronto até a feira da Páscoa".

4. É o que explica Kant no §6 da *CFJ*: "O belo é o que é representado sem conceitos como objeto de uma complacência *universal*".

5. Este motivo é abordado nos *Fragmentos das preleções sobre estética de Schiller no semestre de inverno de 1792-93,* na seção dedicada à "Relação do belo com a razão": "Os fenômenos naturais são ou bem *observados* ou bem *contemplados* por nós; mas apenas a *contemplação* diz respeito à beleza. A *sensibilidade* oferece o múltiplo; a *razão* oferece a forma. A razão une representações para o *conhecimento* ou para a *ação*. A razão é *teórica* e *prática*. A liberdade dos fenômenos é o objeto do *ajuizamento* estético. A liberdade de uma coisa no fenômeno é a sua autodeterminação, na medida em que ela recai sobre os sentidos.

O ajuizamento estético exclui toda referência à conformidade a fins objetiva e à conformidade a regras, e se dirige meramente ao fenômeno; um fim e uma regra nunca podem aparecer. Uma forma aparece então *livremente* se ela se explica a si mesma, não sendo necessário que o entendimento reflexionante saia em busca de um fundamento fora dela. O moral é *conforme* à razão; o belo é *similar* à razão. Aquele suscita *respeito*, um sentimento que surge pela comparação da sensibilidade com a razão. A liberdade no fenômeno desperta não apenas o prazer pelo objeto, como também *inclinação* pelo mesmo; essa inclinação da razão de se unir com o sensível chama-se *amor*. Contemplamos o belo propriamente não com *respeito*, mas com *amor*; excluída a beleza *humana*, que, no entanto, encerra em si a expressão da *eticidade* como objeto do respeito. — Se devemos ao mesmo tempo amar o que é digno de respeito, então este tem de ser alcançado por nós ou ser alcançável para nós. O amor é uma fruição, mas não o respeito; trata-se aqui de tensão; lá, de relaxamento. — O aprazer da beleza surge, pois, da analogia notada com a razão, e está unido ao amor" (*NA* 21, p.86.).

6. Teleofania: exposição da conformidade a fins; logofania: exposição da racionalidade.

7. Lê-se a mesma formulação nos *Fragmentos das preleções sobre estética* (*NA* 21, p.83).

8. Schiller refere-se aqui ao processo e à condenação à morte de Luís XVI, guilhotinado a 21 de janeiro de 1793.

Dresden, 15 de fevereiro de 1793

Não posso deixar de responder imediatamente à sua carta, embora as idéias que ela despertou em mim ainda estejam longe de ter amadurecido.

O princípio de sua teoria tem algo extremamente satisfatório, particularmente para o amigo do sistema de Kant. Mas, ao prosseguir na reflexão, ocorreram-me algumas dúvidas.

Seu princípio da beleza é meramente subjetivo; ele se baseia na autonomia, a qual é *acrescentada em pensamento* ao fenômeno dado. Pois bem, é de se perguntar se não é possível conhecer *nos objetos* as condições sobre as quais se baseia esse acrescentar em pensamento a autonomia. Para perceber uma *autodeterminação pura*, é preciso distinguir o si-mesmo do não-si-mesmo, o αυτον do ετερον, e notar a relação entre ambos. Não é pois preciso determinar mais exatamente o conceito do que você chama a natureza do ser [*Wesen*]?, e isso tanto mais para que ele não seja confundido com o conceito do fim, que se encontra como fundamento da perfeição.

Com Kant, você acredita que o belo apraz sem conceito. Mas se logo no momento da sensação agradável não imaginamos com clareza as condições da complacência,[1] isso nos impede de procurar essas condições? Vejo um prédio — as relações das partes provocam uma impressão agradável — Ouço um acorde do órgão — a harmonia me satisfaz. Nesse momento não noto que as relações das partes visíveis ou sonoras do objeto podem ser expressas em *números menores*, como 1 por 2, 3 etc. Mas na consideração mais exata dos objetos acho que esse traço característico coincide com a sensação agradável. Desse modo chego ao conhecimento da *próxima* condição da beleza. E através dela não deviam também as mais distantes se deixar encontrar?

O que você diz da autonomia da beleza parece-me extremamente frutífero. Apenas não gostaria de deduzir a beleza da eticidade e sim preferencialmente esta daquela e ambas de um princípio superior. O *interesse* da eticidade, do qual Kant tanto fala, parece-me fundar-se justo sobre a beleza.

Esse *princípio superior* cabe ainda sem dúvida ser encontrado, e você nota com razão no que escrevi sobre isso que a clareza e a determinação são sacrificadas pelo uso de expressões imagísticas. Mas o que eu mesmo ainda não pensei com mais clareza só podia sugerir a você através dessas analogias com certas imagens correntes da fantasia.

Existem dois modos de determinar um conceito — enquanto se parte do particular para o universal — ou enquanto se parte do mais universal para o menos universal. Naquele, como o caminho empírico, tememos o arbitrário (o relativo) e escolhemos o último caminho — o caminho a priori.

As advertências de Kant sobre os limites da razão pura não nos devem deter. Ela nos serve apenas para o uso *regulativo*. Não nos arrogamos a *conhecer* algo através dela. Ela nos deve fornecer apenas fundamentos para ordenar a matéria conhecida (através da experiência). Assim ela se nos torna *prática* num sentido mais amplo do que Kant usou esta expressão.

Kant nos chama atenção para a diferença entre a *matéria* e a *forma da experiência*.

Essa diferença nos autoriza a uma dupla classificação dos *fenômenos*. Tentamos a última.

O que na *forma* das experiências está dado pela sensibilidade, ou é produzido pela razão, não precisamos investigar para o nosso fim. Basta, há algo de comum nas experiências que é independente das peculiaridades de sua matéria. Independentes das peculiaridades da matéria são as condições universais da intuição, ou aquilo no fenômeno que distingue a intuição da não-intuição.

No estado da não-intuição comporto-me passivamente diante de toda a massa da matéria representada que atua sobre mim, e essa massa faz uma única impressão total, na qual nada distingo.

Distingo a mim mesmo de todos os objetos externos consciência.

Distingo um múltiplo em mim (alterações no si — mesmo permanente) — sensação.

Distingo um múltiplo fora de mim — matéria da representação.

Ligo uma parte dessa matéria e a retiro da massa restante — intuição.

Esse retirar — a exigência essencial da intuição — acontece através da percepção dos *limites*, pelo que o objeto intuído se separa da matéria representável restante.

Esses limites são: a) na série da sucessão — tempo

b) na série da coexistência — espaço

c) na relação das forças do objeto contra as forças do universo restante — qualidade.

Tudo o que é efetivo é uma parte determinada do infinito — segundo tempo, espaço e realidade.

Realidade é o que preenche o tempo e o espaço — como que a matéria da forma. — Interrompo aqui, pois há muitas coisas que me são ainda obscuras. Mas tentarei avançar mais nesse caminho. A diferença do positivo e do negativo — do permanente na ligação e do que separa — tem de ser confrontada com mais clareza. Conseguido isso, há talvez uma solução igualmente evidente de certos problemas estéticos bem como de problemas matemáticos. —

Adeus e alegre-se pelos períodos ruins vencidos. Mais da próxima vez.

Seu Körner

Cordiais saudações a você e aos seus de Minna e Dora.

Notas

1. Sobre a tradução de *Wohlgefallen* por *complacência*, vide as observações de Valerio Rohden e António Marques, tradutores da *Crítica da faculdade do juízo* (nota 22, p.49).

Iena, 18 de fevereiro de 1793

Vejo pela sua carta, que acabo de receber, que o que tenho propriamente a eliminar são apenas mal-entendidos, e não dúvidas propriamente ditas perante minha explicação da beleza, e que a mera continuação de minha teoria provavelmente nos colocará de acordo sobre isso. Por enquanto, observo apenas:

1. que o meu princípio da beleza é até agora certamente apenas subjetivo, pois até aqui argumentei de fato apenas a partir da razão mesma e ainda não me envolvi de modo algum com objetos. Mas meu princípio não é *mais* subjetivo do que tudo o que é derivado a priori da razão. Que no objeto mesmo tenha de ser encontrado algo que torne possível o emprego desse princípio é compreensível por si mesmo, assim como o é que caiba a *mim* indicá-lo. Mas que esse algo (a saber, o ser-determinado-por-si-mesmo nas coisas) seja observado pela razão, e, a rigor, aprobativamente, isso pode ser demonstrado, de acordo com a natureza da coisa, apenas a partir da essência da razão, e nesse ponto, portanto, apenas subjetivamente. No entanto, espero provar suficientemente que a beleza é uma qualidade objetiva;

2. que tenho de notar que *oferecer um conceito de beleza* e *ser tocado pelo conceito de beleza* são duas coisas que considero inteiramente diferentes. Que um conceito de beleza se deixe oferecer, não pode me ocorrer de modo algum negar, pois eu mesmo ofereço um, mas nego, com Kant, que a beleza *apraza*

por esse conceito. Aprazer por um conceito pressupõe a preexistência do conceito perante o sentimento de prazer no ânimo, como é sempre o caso na perfeição, verdade, moralidade, embora não com consciência igualmente nítida nesses três objetos. Mas que um tal conceito não preexista ao nosso prazer na beleza, já se explica entre outras coisas pelo fato de que ainda continuamos a procurá-lo agora;

3. que você diz que não se trata de deduzir a beleza a partir da eticidade e sim ambas a partir de um princípio superior comum a elas. De acordo com minhas premissas recentes, não mais esperava de modo algum essa objeção, pois estou tão longe de derivar a beleza da eticidade que antes a considero quase incompatível com isto. Eticidade é determinação pela razão pura; beleza, como uma qualidade dos *fenômenos,* é determinação pela natureza pura. Determinação pela razão, percebida num fenômeno, é antes supressão da beleza, pois a determinação da razão num produto que aparece é verdadeira heteronomia.

O princípio superior que você exige está encontrado e exposto sem contradição. Ele também apreende sob si, como você reclama dele, beleza e eticidade. Esse princípio não é outro senão existência a partir da mera forma. Não posso me deter agora na discussão do mesmo, que aliás será fartamente elucidado pelo prosseguimento de minha teoria. Observo apenas que você de modo algum tem de renunciar a todas as idéias secundárias com as quais os religionnaires[1] de até agora ou os pobres ignorantes que se meteram na filosofia kantiana desfiguraram o conceito da eticidade na filosofia moral — pois a seguir você ficará inteiramente convencido de que todas as suas idéias, assim como posso pressenti-las a partir de sua manifestação até agora, concordam com o fundamento kantiano da moral mais do que você mesmo agora talvez pressinta. Certamente não foi dito por *nenhum* mortal nenhuma palavra maior do que esta palavra kantiana, a qual é ao mesmo tempo o conteúdo de toda sua filosofia: Determina-te por ti mesmo.[2] Assim como isto na filosofia teórica: A natureza encontra-se sob as leis do entendimento.[3] A grande idéia da autodeterminação nos reflete a partir de certos fenômenos da natureza, e a estes chamamos *beleza.*

No entanto, fio-me em minha boa questão e assim sigo adiante no desenvolvimento começado, do qual desejo que você quisesse ouvi-lo apenas com a metade do interesse que me faz abrir o peito sobre isso diante de você.

Existe pois uma tal visão da natureza ou dos fenômenos na qual exigimos deles nada além do que liberdade, na qual apenas vemos se eles são o que são por si mesmos. Uma tal espécie de ajuizamento é apenas importante e possível pela razão prática, pois o conceito de liberdade não se conforma de modo algum com a razão teórica e somente pela razão prática a autonomia se eleva acima de tudo. A razão prática, aplicada às ações livres, exige que a ação aconteça devido apenas ao modo da ação (forma) e que nem a matéria, nem o fim (que sempre é também matéria) tenham tido influência sobre isso. Pois bem, se um objeto se mostra no mundo dos sentidos como apenas determinado por si mesmo, se ele se apresenta aos sentidos de modo que não se note nele nenhuma influência da matéria ou de um fim, então ele é ajuizado como um *analogon* da pura determinação da vontade (e não como produto de uma determinação da vontade). Porque uma vontade que se pode determinar segundo a mera forma chama-se *livre,* então aquela forma no mundo dos sentidos, que aparece como determinada meramente por si mesma, é uma *apresentação da liberdade;* pois uma idéia apresentada quer dizer uma idéia que é de tal modo ligada a uma intuição que ambas compartilham entre si *uma* regra de conhecimento.

A liberdade no fenômeno é a autodeterminação em uma coisa, na medida em que se revela na intuição. Toda determinação exterior opõe-se a ela, do mesmo modo que toda determinação por fundamentos materiais opõe-se a uma ação de tipo moral. Porém, um objeto aparece igualmente como pouco livre — tenha ele recebido sua forma ou de uma coerção física ou de um fim intelectual, tão logo se *descobre* o fundamento de determinação de sua forma neste ou naquela. Pois então o mesmo não se encontra *nele,* e sim fora dele, e ele é tanto menos *belo* quanto uma *ação a partir de fins* é uma ação moral.

Se o juízo de gosto é inteiramente puro, então tem de ser inteiramente abstraído disso que valor (teórico ou prático) o objeto belo possui por si mesmo, de que material é formado e para qual fim existe. Que ele seja o que ele quer! Tão logo o ajuizamos esteticamente, então queremos meramente saber se o que ele é, é por si mesmo. Perguntamos menos por uma propriedade lógica do mesmo, de modo que antes lhe "creditamos como a mais alta prerrogativa a independência de fins e regras".[4] Não, a rigor, como se conformidade a fins e conformidade a regras fossem em si incompatíveis com a beleza; todo produto belo tem que antes submeter-se a regras: e sim porque a influência *notada* de um fim e de uma regra se anuncia como coerção e traz consigo heteronomia para o objeto. É lícito e é preciso que o produto belo seja até conforme a regras, mas ele tem de *aparecer como livre de regras.*

Pois bem, nenhum objeto na natureza e ainda muito menos na arte é, porém, livre de fins e de regras, nenhum é *determinado por si mesmo,* tão logo pensamos sobre ele. Cada um está aí através de um outro, cada um devido a um outro, nenhum tem autonomia. A única coisa existente que determina a si mesma e existe devido a si mesma tem de ser procurada fora do fenômeno, no mundo inteligível. A beleza, no entanto, habita apenas no campo dos fenômenos, e não há pois nenhuma esperança de, mediante a mera razão teórica e pela via do pensamento, topar com uma liberdade no mundo sensível.

Mas tudo se torna diferente quando se deixa de lado a investigação teórica e apenas se tomam os objetos *como eles aparecem*. Uma regra, um fim, nunca podem *aparecer*, pois eles são conceitos e não intuições. O fundamento real da possibilidade do objeto nunca se dá nos sentidos, e ele é tão bom quanto não existente, "tão logo o entendimento não é levado à procura do mesmo". Trata-se aqui simplesmente do completo abstrair de um fundamento de determinação para ajuizar um objeto no fenômeno como livre (pois o não ser determinado por algo exterior é uma representação negativa do ser determinado por si mesmo, e, a rigor, a única determinação possível do mesmo, porque pode-se apenas pensar e nunca conhecer a liberdade, e mesmo o filósofo moral tem de contentar-se com essa representação negativa da liberdade). Portanto, uma forma aparece como livre tão logo não encontremos seu fundamento fora dela *nem sejamos levados a procurá-lo fora dela*. Pois fosse o entendimento levado a perguntar pelo fundamento da mesma, então ele teria que encontrar esse fundamento *necessariamente* fora da coisa; porque ela tem de estar determinada ou por um *conceito* ou por um acaso, ambos, porém, estando para o objeto como heteronomia. Pode-se, pois, afirmar o seguinte como princípio: que um objeto se apresenta livremente na intuição se a forma do mesmo não obriga o entendimento reflexionante à procura de um fundamento. Portanto, chama-se bela uma forma que explica a si mesma; explicar-se a si mesma significa aqui, no entanto, explicar-se sem o auxílio de um conceito. Um triângulo explica a si mesmo, mas somente mediante um conceito. Uma linha sinuosa explica a si mesma sem o medium de um conceito.

Portanto, pode-se dizer que bela é uma forma que não *exige nenhuma explicação* ou também que se *explica sem conceito.*

Penso que algumas de suas dúvidas devem agora já começar a desaparecer; ao menos você vê que o princípio subjetivo pode ser transposto para o objetivo. Mas somente quando viermos ao campo das experiências você compreenderá isso sob uma luz inteiramente diversa, e somente então apreenderá corretamente a autonomia do sensível. Mas, adiante:

Toda forma, portanto, que achamos possível apenas sob a pressuposição de um conceito, mostra heteronomia no fenômeno. Pois todo conceito é algo de exterior perante o objeto. Toda rigorosa conformidade a regras (entre as quais a conformidade a regras no caso da matemática está em primeiro lugar) é uma tal forma, porque nos *impõe* o conceito do qual ela se originou: toda rigorosa conformidade a fins é uma tal forma (particularmente a [conformidade a fins] do *útil,* posto que este é sempre referido a algo diverso), porque nos traz à lembrança a determinação e o uso do objeto, pelo que a autonomia no fenômeno é necessariamente destruída.

Pois bem, posto que realizamos um propósito moral com um objeto, então a forma desse objeto será determinada por uma idéia da razão prática, portanto, não por ele mesmo; portanto, sofrerá heteronomia. Daí a conformidade moral a fins de uma obra de arte, ou também de uma espécie de ação, contribuir tão pouco para a beleza da mesma, que aquela tem de ser antes muito ocultada, de modo que a aparência resulte inteiramente livre e sem coerção da natureza da coisa, caso esta, a beleza, não deva ser perdida. Um poeta desculpar-se-ia em vão com o propósito moral de sua obra se o seu poema fosse sem beleza. O belo é, a rigor, sempre referido à razão prática, porque a liberdade não pode ser um conceito da razão teórica — mas meramente segundo a *forma,* e não segundo a *matéria.* No entanto, um *fim* moral pertence à matéria ou ao conteúdo, e não à mera forma. Para colocar essa diferença — na qual você parece ter tropeçado — ainda mais em evidência, acrescento ainda o seguinte. A razão prática exige autodeterminação. A autodeterminação do racional é determinação racional pura, moralidade; a autodeterminação do sensível é determinação natural pura, beleza. Se a forma do não-racional é determinada pela razão (teórica ou prática, tanto faz aqui), sua determinação natural pura sofre uma coerção; portanto, a beleza não pode ter lugar. É então um *produto,* e não um *analogon,* um efeito, e não uma imitação da razão, pois é próprio à imitação de uma coisa que o imitador tenha em comum com o imitado meramente a forma e não o conteúdo, não o material.

Por isso, uma conduta moral, caso não esteja ligada ao mesmo tempo com o gosto, apresentar-se-á no fenômeno sempre como heteronomia, justamente porque é um produto da autonomia da vontade. Pois precisamente porque *razão* e *sensibilidade* têm uma vontade diferente, a vontade da sensibilidade é rompida quando a razão impõe a sua. Pois bem, a vontade da sensibilidade é infelizmente justo aquela que recai sobre os sentidos; portanto, exatamente quando a razão exerce sua autonomia (que nunca sucede no fenômeno), nossos olhos são ofendidos por uma heteronomia no fenômeno. Contudo, o conceito da beleza é aplicado ao moral, embora também em sentido impróprio, e essa aplicação é tudo menos vazia. Ainda que a beleza esteja presa apenas ao fenômeno, a *beleza moral* é um conceito ao qual corresponde algo na experiência. Não posso lhe apresentar nenhuma prova empírica melhor para a verdade de minha teoria da beleza do que quando lhe mostro que mesmo o uso impróprio desta palavra tem lugar apenas em tais casos, onde a liberdade se mostra no fenômeno. Por isso quero, contra o meu plano inicial, saltar adiante em direção à parte empírica de minha teoria e lhe contar uma história para o seu descanso.[5]

"Um homem caiu entre ladrões que o despiram até deixá-lo nu e o atiraram à estrada, sob um frio rigoroso.

Um viajante passa por ele, a quem ele se queixa do seu estado e suplica por socorro. 'Sofro com você', exclama o viajante, comovido, 'e de bom grado quero lhe dar o que tenho. Apenas não exija outros serviços, pois o seu aspecto me agride. Alguns homens estão chegando ali; dê-lhes esta bolsa de dinheiro e eles lhe prestarão socorro.' — 'Bem pensado', disse o ferido, 'mas é preciso também que se possa *ver* o sofrimento, se o dever humano o exige. O recurso à sua bolsa não vale a metade de uma pequena violência sobre seus sentidos moles.'"

O que foi essa ação? Nem útil, nem moral, nem generosa, nem bela. Ela foi meramente passional, benévola a partir do afeto.

"Um segundo viajante aparece, o ferido renova o seu pedido. Esse segundo estima o seu dinheiro, e, no entanto, gostaria de bom grado de cumprir o seu dever humano. 'Deixo de ganhar um florim', disse ele, 'se perco tempo com você. Se você me der do seu dinheiro tanto quanto deixo de ganhar, então vou levá-lo sobre os meus ombros e alojá-lo num convento que fica a apenas uma hora daqui.' — 'Uma informação inteligente', replicou o outro. 'Mas é preciso confessar que sua prontidão para servir não lhe custa muito. Vejo que ali vem um cavaleiro que me prestará gratuitamente o socorro que para você está à venda por somente um florim.'"

Pois bem, o que foi essa ação? Nem benévola, nem conforme ao dever, nem generosa, nem bela. Ela foi meramente útil.

"Um terceiro viajante pára diante do ferido e o deixa repetir a narrativa de sua infelicidade. Refletindo e em luta consigo mesmo, ele fica ali parado depois de o outro ter falado. 'Será difícil para mim', ele diz finalmente, 'separar-me da capa, que é a única proteção do meu corpo doente, e ceder-lhe o meu cavalo, pois minhas forças estão esgotadas. Mas o dever me ordena servir-lhe. Monte no meu cavalo e cubra-se com a minha capa; assim eu o levarei até onde você possa ser socorrido.' — 'Obrigado, bravo homem, por sua honrada intenção', responde aquele, 'mas, como você mesmo está necessitado, não deve sofrer adversidade alguma por minha causa. Vejo vindo ali dois homens fortes que me poderão prestar o serviço que ser-lhe-á penoso.'"

Essa ação foi *puramente* (mas não mais que) *moral,* porque empreendida contra o interesse dos sentidos, em respeito à lei.

"Agora os dois homens se aproximam do ferido e começam a perguntar-lhe sobre sua infelicidade. Mal ele abre a boca, ambos exclamam com espanto: 'É ele! É o mesmo que procuramos.' Aquele os reconhece e se assusta. Descobre-se que ambos reconhecem nele seu inimigo declarado e o autor de sua infelicidade, e que saíram em viagem atrás dele para se vingar sangrentamente. 'Satisfaçam agora o seu ódio e sua vingança', ele diz, 'a morte, e não socorro, é o que posso esperar de vocês.' — 'Não', respondeu um deles, 'para que você veja quem *nós* somos e quem *você* é, então tome estas roupas e se cubra. Vamos tomá-lo entre nós e levá-lo até onde possa ser socorrido.' — 'Generoso inimigo', exclama o ferido inteiramente comovido, 'você me envergonha, você desarma o meu ódio: venha agora, me abrace e complete sua boa ação perfeita mediante um afetuoso perdão.' — 'Modere-se, amigo', responde o outro friamente. 'Não porque lhe perdoo quero lhe ajudar, e sim porque você é miserável.' — 'Então tome de volta sua roupa', exclama o infeliz enquanto a atira longe de si. 'Que seja de mim o que for. Quero antes morrer miseravelmente do que dever minha salvação a um inimigo orgulhoso.'

Enquanto ele se levanta e tenta ir-se embora, aproxima-se um quinto caminhante que traz às costas uma carga pesada. 'Fui tão freqüentemente enganado', pensa o ferido, 'e este não me parece alguém que queira me socorrer. Vou deixá-lo passar.' — Tão logo o caminhante o avista, põe no chão o seu fardo. 'Vejo', ele começa espontaneamente, 'que você está ferido e suas forças lhe abandonam. O próximo povoado ainda está longe, e você ficará exangue antes de chegar lá. Suba nas minhas costas, que assim partirei com disposição e o levarei.' — 'Mas o que será do seu fardo, que você tem de deixar para trás, aqui, em plena estrada?' 'Isso eu não sei e não me preocupa', diz o carregador. 'Sei, no entanto, que você precisa de socorro e que tenho o dever de dá-lo a você.'"

Saudações cordiais de todos nós. Entretanto, reflita sobre por que a ação do carregador é *bela*. Seu

S.

Notas

1.*Religionnaire*, i.e., calvinista: "Neste contexto, designação talvez ironicamente visada no sentido de pregador de uma determinada doutrina filosófico-moral. Possivelmente, Schiller pensava particularmente em duas correntes dominantes no século XVIII no âmbito da ética pré-kantiana, que viam na ação moral um caminho para a felicidade do indivíduo ou para a promoção de sua perfeição. A doutrina da eticidade difundida por Anthony Ashley Cooper, Conde de Shaftesbury (1671-1713), que exerceu uma forte influência sobre os moralistas ingleses, baseia-se na idéia do sentido moral inato (*moral sense*): como ser social, o homem possui uma inclinação natural para o bem e deve esforçar-se para manter os interesses individuais e sociais em equilíbrio. Esse empenho virtuoso do homem tem como meta a harmonia entre todos os afetos, pois somente ela causa a felicidade. A leitura de Shaftesbury por Schiller não está comprovada por testemunhos. Provavelmente as idéias dos filósofos morais ingleses Shaftesbury, Francis Hutcheson (1694-1747) e Adam Ferguson (1723-1816) foram comunicadas a Schiller já na *Carlsschule* por Jakob Friedrich Abel (1751-1829), professor de história, filosofia e moral, mediante traduções alemãs (cf. o discurso de Schiller na *Carlsschule*, de 1780, "A virtude considerada em suas conseqüências"). — Em Christian Wolff (1679-1754), em contrapartida, a idéia da perfeição estampa essencialmente as intuições filosófico-morais: eticamente boa é aquela ação que ajuda a promover a perfeição do indivíduo bem como da humanidade. A teoria da perfeição, que Wolff e os representantes de sua doutrina queriam saber praticada também no âmbito da estética, fora já expressamente rejeitada por Schiller" (*NA* 26, p.681-2.).

2. Cf. *Crítica da razão prática*, §8, A58-9.

3. Cf. *Prolegômenos a toda metafísica futura que queira apresentar-se como ciência*, §36, A111-2.

4. O uso das aspas não significa — salvo indicação em contrário — citação, mas apenas um recurso comum nos textos de Schiller, pelo qual ele enfatizava certas passagens.

5. Esta história é visivelmente inspirada pela parábola do bom samaritano (Lc 10, 30-6).

19 de fevereiro de 1793

Posso ainda juntar algumas linhas à carta de ontem e não lhe ficarei devendo por muito tempo a *fabula docet* da história narrada.

A beleza da quinta ação tem de estar naquele traço que ela não tem em comum com nenhuma das anteriores.

Pois bem: 1. Todos os cinco querem socorrer. 2. A maioria escolheu para isso um meio conforme ao fim. 3. Vários quiseram que isso custasse algo. 4. Alguns demonstraram aqui uma *grande* auto-superação. Um deles agiu a partir do mais puro impulso moral. Mas apenas o quinto socorreu *sem ter sido solicitado* e sem se consultar, embora às suas próprias custas. Apenas o quinto se esqueceu totalmente de si mesmo e "cumpriu seu dever com uma leveza, como se meramente o instinto tivesse agido." — Portanto, uma ação moral só seria uma ação bela se parecesse um efeito da natureza produzido espontaneamente. Numa palavra: uma ação livre é uma ação bela quando a autonomia do ânimo e a autonomia no fenômeno coincidem.

Por esta razão, o máximo da perfeição de caráter de um homem é a beleza moral, pois ela surge apenas *quando o dever tornou-se para ele em natureza.*[1]

A violência que a razão prática exerce contra os nossos impulsos em determinações morais da vontade tem manifestamente algo de ofensivo, de penoso no fenômeno. Pois bem, não queremos ver coerção em parte alguma, nem quando a razão mesma a exerce; queremos saber respeitada também a liberdade da natureza, porque consideramos "todo ser, no ajuizamento estético, um fim em si mesmo" e a nós, para quem a liberdade é o supremo, nos indigna que algo seja sacrificado ao outro e deva servir de meio. Por isso uma ação moral nunca pode ser bela quando assistimos à operação pela qual ela coage a sensibilidade. Nossa natureza sensível tem pois de aparecer livremente no moral, embora ela não o seja efetivamente, e tem de ter um aspecto tal como se a natureza realizasse meramente o encargo dos nossos impulsos, enquanto se curva sob o domínio da vontade pura, justo contra os impulsos.

A partir desta pequena prova precedente você pode ver que minha teoria da beleza dificilmente terá o que temer da experiência. Desafio-lhe a mencionar entre todas as explicações da beleza, inclusive a kantiana, uma única que resolvesse tão satisfatoriamente o belo impróprio quanto, como espero, ocorreu aqui.

Escreva-me de volta tão logo puder. Dentro de oito dias expedirei novamente para você uma carroça como esta.

Seu S.

Notas

1. O tema da beleza moral comparece nos *Fragmentos das preleções sobre estética de Schiller no semestre de inverno de 1792-93*: "Beleza é liberdade no fenômeno. Uma ação segundo a lei da razão é então bela se se afigura como se tivesse acontecido a partir da inclinação e sem nenhuma coação. A base de toda beleza é a *simplicidade*; mas nem toda simplicidade é beleza" (*NA* 21, p.83).

Ainda nos *Fragmentos das preleções sobre estética*, ao tratar da "explicação do belo segundo Moritz", Schiller identifica a beleza moral com o nobre. "*Moritz* coloca o *útil*, o *bom* e o *belo* ao lado uns dos outros. No primeiro caso, o objeto é referido a um uso; ele tem meramente valor externo. O objeto *bom* tem valor interno e externo. O [objeto] *belo* existe sem nenhuma relação externa e possui seu valor em si mesmo. *Nobre* significa o *moralmente belo*. O inútil e o belo podem subsistir muito bem um ao lado do outro. O belo é reconhecido no útil como supérfluo. O útil obtém o seu valor através de sua contribuição para a perfeição de um todo. Um todo é o que é consumado [*vollendet*] em si mesmo. Apenas o todo que cai sobre os sentidos ou que é abarcado pela imaginação é *belo*. — Até aqui pode-se dar razão a *Moritz*. Só que em seguida ele confunde os efeitos da nossa razão com os efeitos dos objetos, o todo da natureza, o qual nunca podemos apreender, com o todo da razão, o qual, no entanto, visa sempre a unidade.

A apresentação do todo da natureza no fenômeno constitui, segundo *Moritz*, uma obra de arte." (*NA* 21, p.77).

Benno von Wiese faz o seguinte comentário a propósito das considerações de Schiller sobre Moritz: "A tese de Karl Philipp Moritz em seu escrito *Sobre a imitação formadora do belo* (1788), decisivamente importante para a estética clássica, segundo a qual a obra de arte é um todo orgânico completo, foi somente pouco a pouco apropriada por Schiller. No entanto, ele leu com admiração o escrito de Moritz já em dezembro de 1788. Tornou-se importante para ele antes de tudo a idéia pela qual o belo foi delimitado em sua autonomia e legalidade próprias contra todos os fins externos a ele e a imaginação, elevada a órgão do 'homem como um todo'. A obra de arte autêntica tem o fim último e o propósito de sua existência nela mesma. Nesse sentido, Schiller confessa já em sua carta a Körner de 30 de março de 1789: 'Toda obra de arte, toda obra da beleza é um todo; e enquanto ocupa o artista, esse é o seu único fim próprio; assim, por exemplo, uma coluna isolada, uma estátua isolada, uma descrição poética. Ela se basta a si mesma. Ela pode subsistir por si mesma, é consumada em si mesma.' Em outras palavras: 'Um todo é o que é consumado em si mesmo.' A crítica de Schiller a Moritz parte dos pressupostos da filosofia transcendental de Kant; mas com isso ele critica — involuntariamente — também os seus próprios esforços em torno de um critério objetivo do belo, evidentes desde as cartas sobre *Kallias*. No entanto, Moritz seria aqui, de longe, muito mais seu aliado do que Kant. O mesmo vale para o importante conceito de nobre e de enobrecimento. A rigor, Schiller equipara sumariamente nas preleções o conceito de Moritz de nobre com o do moralmente belo. Mas a função estética do *nobre*, que para Schiller deveria ser sempre mais importante, já vai sendo preparada em Moritz, como se lê em *Sobre a imitação formadora do belo*: 'Através do conceito intermediário do nobre, portanto, o conceito do belo é novamente ligado ao moral e como que firmemente encadeado a ele. Ao menos são assim prescritos limites ao belo, os quais não lhe é lícito ultrapassar' (K.Ph. Moritz, *Schriften zur Ästhetik und Poetik*, Kritische Ausgabe, organização de H.J. Schrimpf, Tübingen, 1962, p.67). Mas também Moritz reconhece a representação da beleza interior da alma que a do nobre já contém em si. Ainda muito mais elucidativo é o seu artigo 'O mais nobre na natureza'. No espírito do homem, a natureza busca como que ultrapassar a si mesma. É falso cindir o homem numa parte 'civilizada' ['*gesitteten*'] e noutra meramente 'útil'. Moritz encontra a unidade interna do homem no conceito de nobre: 'O homem singular simplesmente nunca tem de ser considerado um ser meramente *útil*, e sim ao mesmo tempo um ser *nobre*, que tem em si mesmo o seu valor característico, embora todo o edifício da constituição estatal, da qual ele é uma parte, o suprima. O Estado pode por um momento usar seus braços, suas mãos, pois elas estão engrenadas nessa máquina como uma roda subordinada — mas o espírito do homem não pode ser subordinado por nada; ele é um todo consumado em si mesmo O homem não deve perder nenhum grão das prerrogativas do seu ser para ser ajustado a um todo qualquer que existe fora dele, pois ele próprio constitui para si mesmo o todo mais nobre' (*Schriften*, p.16). Totalmente no sentido das cartas de Schiller *Sobre a educação estética do homem*, consta o seguinte em Moritz: educação é enobrecimento. O quanto esse procedimento é entendido por Moritz como um processo de formação, é revelado também por sua carta a K.F. Klischnig de 23 de novembro de 1786, de Roma: 'Göthe chegou há pouco tempo. Liguei-me a ele imediatamente Sinto-me enobrecido pelo seu convívio.' (H. Eybisch, *Anton Reiser, Untersuchungen zur Lebensgeschichte von K. Ph. Moritz und zur Kritik seiner Autobiographie*, Leipzig, 1909, p.203ss). O *enobrecimento* tem a ver com o indivíduo e não apenas com o gênero, e lança assim as pontes do belo ao bom e vice-versa" (*NA* 21, p.386-7).

Iena, 23 de fevereiro de 1793

O resultado de minha demonstração até aqui é este: existe um tal modo de representação das coisas no qual abstraímos de todo o resto e vemos meramente se elas aparecem livremente, ou seja, determinadas por si mesmas. Esse modo de representação é necessário, pois decorre da natureza da razão que, no seu uso prático, exige inflexivelmente a autonomia das determinações.

Que aquela propriedade das coisas, que designamos com o nome beleza, seja o mesmo que esta liberdade no fenômeno, ainda não está de modo algum demonstrado; e isso deve ser o meu propósito a partir de agora. Tenho pois duas coisas a mostrar: *em primeiro lugar,* que aquilo de objetivo nas coisas, pelo que elas são postas no estado de aparecer como livres, é justo também aquilo que, se está presente, lhes confere beleza, e se falta, aniquila sua beleza; mesmo se elas, no primeiro caso, não possuem nenhum mérito e, no último, possuem todos os outros. *Em segundo lugar,* cabe demonstrar que a liberdade no fenômeno traz necessariamente consigo um tal efeito sobre a faculdade de sentir, um efeito que é inteiramente igual àquele que encontramos ligado à representação do belo. (Na verdade, é lícito ver como um empreendimento em vão demonstrar a priori este último aspecto, pois apenas a experiência pode ensinar se devemos sentir algo numa representação e o que devemos sentir aqui. Pois certamente um tal sentimento não se deixa extrair analiticamente nem do conceito da liberdade, nem do da experiência, e tampouco é o caso de uma síntese a priori; está-se pois aqui absolutamente limitado a demonstrações empíricas, e espero realizar o que sempre pode ser realizado apenas através destas, a saber: demonstrar por indução e pela via psicológica que da conjugação do conceito da liberdade e do fenômeno, da sensibilidade em harmonia com a razão, tem de decorrer um sentimento de prazer que é igual à complacência que costuma acompanhar a representação da beleza.) De resto, tão cedo chegarei a esta parte da investigação, pois a execução da primeira deverá ocupar várias cartas.

1.
Liberdade no fenômeno é o mesmo que beleza

Já mencionei há pouco que a *liberdade* realmente não advém a coisa alguma no mundo dos sentidos, e sim é apenas aparente. Contudo, ela também nem sequer pode *aparecer* como positivamente livre, pois isso é apenas uma idéia da razão, à qual nenhuma intuição pode ser adequada. Mas se as coisas, na medida em que acontecem no fenômeno, não possuem nem mostram liberdade, como se pode procurar nos fenômenos um fundamento objetivo dessa representação? Esse fundamento objetivo teria de ser uma tal propriedade dos mesmos, cuja representação nos *obriga* absolutamente a produzir em nós a idéia da liberdade e a referi-la ao objeto. É isso o que agora tem de ser demonstrado.

Ser livre e ser determinado por si mesmo, ser determinado a partir do interior, são a mesma coisa. Toda determinação acontece ou do exterior ou não do exterior (do interior); portanto, o que não aparece determinado do exterior e, no entanto, aparece como determinado, tem de ser representado como determinado do interior. "*Assim pois que o ser-determinado [das Bestimmtsein] é pensado,* o não-ser-determinado-do-exterior [*das Nichtvonaußensbestimmtsein*] é indiretamente, ao mesmo tempo, a representação do ser-determinado-do-interior [*des Voninnenbestimmtsein*] ou da liberdade."

Pois bem, como esse mesmo não-ser-determinado-do-exterior é de novo representado? Tudo depende disso; pois se este [não-ser-determinado-do-exterior] não é representado necessariamente num objeto, então também não se encontra aí nenhum fundamento para representar o ser-determinado-do-interior ou a liberdade. No entanto, a representação deste último tem de ser *necessária,* pois nosso juízo do belo contém necessidade e *exige* o assentimento de qualquer um. Não é lícito, pois, ser deixado ao acaso se, na representação de um objeto, queremos considerá-lo em sua liberdade, e sim a representação do mesmo tem de levar consigo, absoluta e necessariamente, também a representação do não-ser-determinado-do-exterior.

Pois bem, para isso é exigido que o objeto mesmo, mediante sua propriedade objetiva, nos convide, ou antes nos obrigue a notar nele a qualidade de não-ser-determinado-do-exterior; pois uma mera negação só pode então ser notada *se é pressuposta uma carência do seu oposto positivo.*

Uma carência da representação do ser-determinado-do-interior (fundamento de determinação) pode surgir apenas pela representação do *ser-determinado.* Na verdade, tudo o que pode ser representado por nós é algo de determinado, mas nem tudo é representado como tal, e o que não é representado é para nós tanto quanto algo não existente. É preciso que haja algo no objeto que o tire da série infinita do insignificante e do vazio e estimule nosso impulso de conhecimento, pois o insignificante é quase o mesmo que o nada. Tem de apresentar-se como algo *determinado,* pois nos deve levar ao *determinante.*

Pois bem, se o entendimento é, porém, a faculdade que busca o fundamento para a conseqüência, logo o entendimento tem de ser colocado em jogo. O entendimento tem de ser provocado a refletir sobre a forma do objeto: sobre a *forma,* pois o entendimento tem a ver apenas com a forma.

O objeto tem pois de possuir e mostrar uma tal forma que admita uma regra: pois o entendimento pode gerir sua atividade apenas segundo regras. Não é porém necessário que o entendimento *conheça* essa regra (pois o conhecimento da regra destruiria toda aparência da liberdade, como é realmente o caso em toda estrita conformidade a regras); basta que o entendimento seja conduzido a uma regra — indeterminada.*

Uma forma que indica uma regra (que se deixa tratar segundo uma regra) chama-se conforme à arte ou *técnica.* Apenas a forma técnica de um objeto provoca o entendimento a procurar o fundamento para a conseqüência e o determinante para o determinado; e na medida pois que uma tal forma desperta a necessidade de perguntar por um fundamento da determinação, assim a negação do *ser-determinado-do-exterior* leva aqui de modo inteiramente necessário à representação do *ser-determinado-do-interior* ou da liberdade.

A liberdade só pode, pois, ser sensivelmente *apresentada* com o auxílio da técnica,[1] assim como a liberdade da vontade só pode ser *pensada* com o auxílio da causalidade e perante determinações materiais da vontade. Em outras palavras: o conceito negativo da liberdade[2] só é pensável através do conceito positivo do seu oposto, e assim como a representação da causalidade natural é necessária para nos conduzir à representação da liberdade da vontade, é necessária uma representação da *técnica* para nos conduzir à liberdade no reino dos fenômenos.

Disso resulta, pois, uma segunda condição fundamental do belo, sem a qual a primeira seria meramente um conceito

---

* Pode-se apenas observar uma única folha de árvore para que assim se imponha de imediato a qualquer um a impossibilidade de que o múltiplo na mesma se possa ordenar ao acaso e sem nenhuma regra, embora se possa abstrair do ajuizamento teleológico. A reflexão imediata sobre a visão da mesma nos ensina isso, sem que tenhamos necessidade de entender essa regra e de nos formar um conceito da estrutura da mesma.

vazio. A liberdade no fenômeno é, a saber, o fundamento da beleza, mas a *técnica* é a condição necessária da nossa *representação* da liberdade.

Poder-se-ia expressar isso do seguinte modo:

O fundamento da beleza é acima de tudo a liberdade no fenômeno. O fundamento da nossa representação da beleza é a técnica na liberdade.

Se unirmos ambas as condições fundamentais da beleza e da representação da beleza, segue-se disso a seguinte explicação:

Beleza é natureza na conformidade à arte.[3]

Mas antes que eu possa fazer um uso seguro e filosófico dessa explicação, tenho primeiro de determinar o conceito de *natureza* e protegê-lo contra toda falsa interpretação. A expressão *natureza* me é mais cara que *liberdade* porque ao mesmo tempo designa o campo do sensível sobre o qual o belo se limita e, ao lado do conceito da *liberdade,* indica a esfera desta no mundo sensível. Diante da técnica, a *natureza* é o que é por si mesmo; *arte* é o que é através de uma regra. *Natureza na conformidade à arte* é o que dá a regra a si mesmo — o que é através de sua própria regra. (Liberdade na regra, regra na liberdade.)

Se digo: *a natureza da coisa: a coisa segue sua natureza, se determina através de sua natureza:* assim oponho aqui a natureza a tudo aquilo que é diferente do objeto, ao que no mesmo é observado como meramente contingente e pode ser desconsiderado sem que sua essência seja ao mesmo tempo suprimida. Esta é como que a pessoa da coisa, pelo que é diferenciada de todas as outras coisas que não são de sua espécie. Por isso, aquelas qualidades que um objeto tem em comum com todos os outros não são propriamente pertencentes à sua natureza, embora essas qualidades não possam ser retiradas sem que ele deixe de existir. Pela expressão *natureza* é designado meramente aquilo pelo que a coisa determinada se torna o que ela é. Todos os corpos, por exemplo, são pesados, mas à *natureza* de uma coisa corpórea pertencem apenas aqueles efeitos do peso que resultam de sua condição específica. Tão logo a gravidade atue sobre uma coisa, por si mesma e independentemente da propriedade específica dessa coisa, apenas como *força natural universal,* então ela é vista como uma violência estranha e seus efeitos comportam-se como heteronomia diante da natureza da coisa. Um exemplo pode esclarecer isso. Um vaso, considerado como corpo, está submetido à gravidade, mas os efeitos da gravidade, se não devem renegar *a natureza de um vaso,* têm de estar modificados pela forma do vaso, ou seja, têm de ter sido determinados e tornados necessários por essa forma especial. Todo efeito da gravidade sobre um vaso é, porém, contingente, o qual pode ser subtraído sem prejuízo de sua forma como vaso. Assim a gravidade atua como que fora da economia, fora da natureza da coisa e aparece, ao mesmo tempo, como uma violência estranha. Isso acontece quando o vaso *termina* num vasto e amplo bojo, porque aí ele se afigura como se o peso tivesse tomado ao comprimento o que deu à largura, em suma, como se a gravidade tivesse triunfado sobre a forma, e não a forma sobre a gravidade.

O mesmo se dá com movimentos. Um movimento pertence à *natureza* da coisa se decorre necessariamente da condição especial ou da forma da coisa. Mas um movimento que é prescrito à coisa independentemente de sua forma especial, mediante a lei universal da gravidade, encontra-se fora da natureza da mesma e mostra heteronomia. Coloque-se um pesado cavalo de carga ao lado de um leve palafrém espanhol. A carga que aquele está acostumado a puxar tomou a naturalidade aos seus movimentos, de modo que, mesmo sem rebocar uma carroça, trota penosa e pesadamente como se a estivesse puxando. Seus movimentos não mais brotam de sua natureza especial, e sim traem a carga da carroça rebocada. O leve palafrém, ao contrário, nunca esteve acostumado a usar uma força maior do que se sente impelido a manifestar em sua maior liberdade. Cada um dos seus movimentos é, pois, um efeito de sua natureza abandonada a si mesma. Por isso ele se movimenta tão levemente, como se não houvesse nenhuma carga, sobre a mesma superfície que o cavalo de carga coiceia com suas patas pesadas como chumbo. "Nada nele fará lembrar de modo algum que ele é um *corpo,* tanto a especial forma de cavalo superou a universal natureza corporal, que tem de obedecer à gravidade." Ao contrário, a pesada lentidão do movimento torna momentaneamente o cavalo de carga em massa em nossa representação, e a natureza *peculiar* do cavalo é reprimida no mesmo pela natureza *corporal universal.*

Se se lança um olhar fugaz através do reino animal,[4] vê-se que a beleza dos animais decresce na mesma proporção em que eles se aproximam da *massa* e parecem servir meramente à força da gravidade. A natureza de um animal (no significado estético desta palavra) se manifesta ou nos seus movimentos ou em suas formas, e ambos são limitados pela *massa.* Se a massa teve influência sobre a forma, então esta é chamada de *maciça*; se a massa teve influência sobre o movimento, então este se chama *desajeitado.* Na estrutura do elefante, do urso, do touro etc., é a massa que participa visivelmente tanto na forma como no movimento desses animais. Porém, a massa tem de obedecer todo o tempo à força da gravidade, que se comporta como uma potência estranha perante a natureza própria do corpo orgânico.

Em contrapartida, percebemos a beleza acima de tudo *onde a massa é inteiramente dominada pela forma* e (no reino animal e no vegetal) pelas forças vivas (nas quais eu coloco a autonomia do orgânico).

A massa de um cavalo é, como se sabe, de um peso incomparavelmente maior do que a massa de um pato ou de um caranguejo; não obstante, o pato é pesado e o cavalo leve; somente porque em ambos as forças vivas se comportam em relação à massa de modo totalmente diferente.

Entre os gêneros animais, a linhagem dos pássaros é a melhor prova do meu princípio. Um pássaro em vôo é a mais feliz apresentação da matéria subjugada pela forma, da gravidade superada pela força. Não é sem importância observar que a capacidade de vencer a gravidade é freqüentemente usada como símbolo da liberdade. Expressamos a liberdade da fantasia enquanto lhe damos asas; deixamos Psiche erguer-se com asas de borboleta sobre o plano terreno quando queremos designar sua liberdade dos grilhões da matéria. A força da gravidade é manifestamente um grilhão para todo o orgânico, e uma vitória sobre a mesma não oferece, pois, nenhum símbolo inadequado da liberdade. Pois bem, não há, contudo, nenhuma apresentação mais acertada da gravidade eliminada do que um animal alado que, a partir da vida interna (autonomia do orgânico) se determina diretamente contra a força da gravidade. A força da gravidade está para a força viva do pássaro aproximadamente do mesmo modo que a *inclinação* — em determinações puras da vontade — está para a razão legisladora.

Resisto à tentação de fazer com que a verdade das minhas afirmações torne-se ainda mais visível para você a propósito da beleza humana; a esse assunto convém uma carta específica.[5] Pelo que foi dito até aqui, você pode ver o que incluo no conceito da *natureza* (no sentido estético) e o que dele quero saber excluído.

A natureza numa coisa técnica, na medida em que a contrapomos a uma coisa não-técnica, é a sua forma técnica mesma, contra a qual tudo o que não pertence a essa economia técnica é considerado como algo estranho, e se teve influência sobre ela, como heteronomia e como violência. Mas com isso não é ainda suficiente que uma coisa apareça determinada apenas pela sua técnica — que seja puramente técnica; pois toda figura estritamente matemática também o é, sem por isso ser bela. A técnica mesma tem de novamente aparecer determinada pela natureza da coisa, o que poder-se-ia chamar o consenso voluntário da coisa em relação à sua técnica. Aqui a natureza da coisa é pois novamente distinguida de sua técnica, porque ela foi pouco antes qualificada como idêntica à mesma. A forma técnica da coisa comporta-se como natureza diante de determinações externas; mas diante da essência interna da coisa, a forma técnica pode-se comportar novamente como algo de externo e estranho; por exemplo: é da natureza de um círculo que ele seja uma linha em que cada ponto de sua direção encontra-se eqüidistante de um ponto dado. Se um jardineiro poda uma árvore numa figura circular, então a natureza do círculo exige que ela seja podada de forma perfeitamente redonda. Portanto, tão logo é *anunciada* uma figura circular para a árvore, então ela tem de ser cumprida, e os nossos olhos são ofendidos se se peca contra isso. Mas o que a natureza do círculo exige contraria a natureza da árvore; e porque não podemos deixar de conceder à árvore sua natureza própria, sua personalidade, nos desgosta essa ação de violência e nos agrada se a árvore aniquila a técnica, que lhe foi impingida, a partir de sua liberdade interna. A técnica é, pois, em toda parte, algo de estranho onde não brota da coisa mesma, onde não é una com a existência da coisa como um todo, onde não vem a partir do interior, e sim penetra do exterior, onde não é necessária e inata à coisa, e sim lhe está dada, sendo pois contingente.

Mais um exemplo e nos entenderemos perfeitamente. Quando o mecânico constrói um instrumento musical, este pode ser ainda puramente técnico, sem reclamar a beleza. É puramente técnico se tudo nele é forma, se em toda parte apenas o conceito, e em parte alguma a matéria ou a carência do artista, determina sua forma. Pode-se também dizer desse instrumento que ele tem autonomia; a saber, tão logo se coloque o αυτον no pensamento que foi aqui inteira e puramente legislador e dominou o material. Mas se se coloca o αυτον do instrumento naquilo que nele é natureza e pelo que ele existe, então o juízo se altera. Sua forma técnica é conhecida como algo diferente dele, independente de sua *existência* e contingente, sendo considerada como violência externa. Descobre-se que essa forma técnica é algo de estranho, que ela lhe foi violentamente impingida pelo entendimento do artista. Assim, embora a forma técnica do instrumento, como admitimos, *contenha* e *manifeste* autonomia pura, ela mesma *é* heteronomia perante a coisa na qual se encontra. Embora não *sofra* nenhuma coação nem por parte do material nem do artista, ela a *exerce* contra a natureza própria da coisa — tão logo a observamos como uma coisa natural, obrigada a servir a uma *coisa lógica* (a um conceito).

O que seria pois natureza nessa acepção? O princípio interno da existência numa coisa, considerado ao mesmo tempo como fundamento de sua forma; *a necessidade interna da forma.*[6] A forma tem de ser ao mesmo tempo autodeterminante e autodeterminada no sentido mais próprio; tem de haver aí não mera autonomia, e sim heautonomia.[7] Mas, como você objetará aqui, se a forma tem de perfazer uma unidade com a existência da coisa para produzir beleza, onde ficam as belezas da arte que nunca podem ter essa heautonomia? Quero lhe responder somente quando tivermos chegado ao belo da arte, pois este exige um capítulo totalmente próprio. Só posso lhe dizer antecipadamente que essa exigência da arte não pode ser legitimamente recusada e que também as formas da arte têm de perfazer uma unidade com a existência do formado, se devem reclamar a suprema beleza: e como elas não o podem na realidade, pois a forma humana permanece sempre contingente no mármore, têm de ao menos aparecer assim.

O que é pois natureza na conformidade à arte? Autonomia na técnica? Ela é a pura concordância da essência interna com a forma, *uma regra que é ao mesmo tempo dada e seguida pela coisa mesma.* (Por esse motivo, apenas o belo é, no mundo sensível, um símbolo do acabado em si ou do perfeito, pois ele não precisa ser referido, como o que é conforme a fins, a algo externo, e sim comanda-se e obedece a si mesmo simultaneamente, realizando sua própria lei.)

Espero tê-lo colocado agora em condições de me seguir sem entraves quando falo de natureza, autodeterminação, autonomia e heautonomia, liberdade e conformidade à arte. Você também concordará comigo que essa natureza e essa heautonomia são propriedades objetivas dos objetos, que lhes imputo, pois elas permanecem neles, ainda que o sujeito representador seja inteiramente eliminado pelo pensamento. Mesmo depois da completa eliminação pelo pensamento do sujeito ajuizador, permanece a diferença entre dois seres naturais, dos quais um é totalmente forma e mostra um domínio completo da força viva sobre a massa, sendo o outro, porém, subjugado por sua massa. Do mesmo modo, a diferença entre uma técnica através do entendimento e uma técnica através da natureza (como em todo o orgânico) é totalmente independente da existência do sujeito racional. Ela [essa diferença] é pois objetiva, sendo-o pois também o conceito de uma natureza na técnica, que se funda sobre isso.

A razão é sem dúvida necessária para fazer um tal uso da qualidade objetiva das coisas, como é o caso em se tratando do belo. Mas esse uso subjetivo não suprime a objetividade do fundamento, pois o mesmo também ocorre com o perfeito, com o bom, com o útil, sem que por isso a objetividade desses predicados estivesse menos fundada. "Sem dúvida, o próprio conceito da liberdade, ou o *positivo,* é posto no objeto somente pela razão, enquanto ela considera o mesmo sob a forma da vontade, mas a razão não dá ao objeto o *negativo* desse conceito, e sim já o encontra no mesmo. O *fundamento* da liberdade adjudicada ao objeto encontra-se pois *nele* mesmo, embora a *liberdade* se encontre apenas na razão."

Em sua "Crítica da faculdade do juízo", p.177, Kant estabelece uma proposição de fecundidade incomum que, como penso, somente pode obter sua explicação a partir da minha teoria. A natureza, diz ele, é bela se parece arte; a arte é bela se parece natureza.[8] Esta proposição torna, pois, a técnica num requisito essencial do belo natural e a liberdade na condição essencial do belo artístico. Porém, como o belo artístico já compreende em si mesmo a idéia da técnica, e o belo natural, a idéia da liberdade, o próprio Kant então confessa que a beleza não é outra coisa senão natureza na técnica, liberdade na conformidade à arte.

Temos de saber *primeiramente* que a coisa bela é uma coisa natural, ou seja, que ela é através dela mesma; *em segundo lugar,* é preciso que ela nos apresente como se existisse através de uma regra, pois de fato ele diz que é preciso que se nos pareça arte. Ambas as representações: *ela é por si mesma* e *ela é por uma regra* se deixam unir apenas por um único modo, a saber, quando se diz: *ela é por uma regra que ela deu a si mesma.* Autonomia na técnica, liberdade na conformidade à arte.

A partir do que foi dito até aqui, poderia parecer que *liberdade* e *conformidade à arte* tivessem uma pretensão inteiramente igual à complacência que a beleza nos infunde, como se a *técnica* estivesse no mesmo plano da liberdade, e nesse caso eu sem dúvida não teria mesmo razão em considerar apenas a liberdade em minha explicação do belo (autonomia no fenômeno) e em não mencionar de modo algum a técnica. Mas minha definição foi pesada com muita exatidão. Técnica e liberdade não têm a mesma relação com o belo. Unicamente a *liberdade* é o fundamento do belo; a técnica é apenas o fundamento da nossa representação da liberdade; aquela é pois o fundamento imediato, esta apenas a condição mediata da beleza. A técnica contribui para a beleza apenas na medida em que serve para suscitar a representação da liberdade.

Talvez ainda possa explicar esta proposição — que de resto já está bastante clara a partir do exposto até aqui — pela seguinte via.

No belo natural vemos com os nossos olhos que ele é a partir de si mesmo; que ele seja através de uma regra, não nos é dito pelos sentidos, e sim pelo entendimento. Pois bem, mas a regra está para a natureza assim como a violência para a liberdade. Como apenas *pensamos* a regra, mas *vemos* a natureza, então pensamos a violência e vemos a liberdade. O entendimento aguarda e exige uma regra; os sentidos ensinam que a coisa é através de si mesma e não através de uma regra. Pois bem, se ficássemos na técnica, teria de nos aborrecer a expectativa frustrada que antes, porém, nos dá prazer. Portanto, temos de permanecer na liberdade e não na técnica. Teríamos razões para concluir, a partir da forma da coisa, por uma origem lógica, portanto, por heteronomia, e contra a expectativa encontramos autonomia. Como ficamos contentes com este achado e por isso nos sentimos como que aliviados de uma preocupação (que tem o seu lugar em nossa faculdade prática), assim isso prova que não ganhamos tanto com a conformidade à regra como com a liberdade. É apenas uma necessidade de nossa razão teórica pensarmos a forma da coisa como dependente de uma regra; mas é um fato para os nossos sentidos que ela não é por nenhuma regra, e sim por si mesma. Mas como poderíamos atribuir um valor estético à técnica e, no entanto, perceber com complacência que o seu oposto é efetivo? Portanto, a representação da técnica serve apenas para evocar no nosso ânimo a não-dependência do produto perante a mesma e tornar sua liberdade tanto mais intuível.

Pois bem, isso me leva por si mesmo à diferença entre o *belo* e o *perfeito*. Todo o perfeito, excluído o perfeito absoluto, que é moral, está contido sob o conceito da técnica, pois ele consiste na concordância do múltiplo com o uno. Pois bem, como a técnica contribui apenas mediatamente para a beleza, na medida em que torna a liberdade perceptível, mas o perfeito está contido sob o conceito da técnica, vê-se logo que é apenas a *liberdade na técnica* o que diferencia o belo do perfeito. O perfeito pode ter autonomia, na medida em que sua forma foi puramente determinada pelo seu conceito; mas apenas o belo tem heautonomia, pois apenas neste a forma está determinada pela essência interna.

O perfeito, apresentado com liberdade, se transforma imediatamente no belo. Ele é porém apresentado com liberdade se a natureza da coisa aparece em concordância com sua técnica, se esta se afigura como se tivesse decorrido voluntariamente da coisa mesma. O que foi dito até aqui também pode ser expressado brevemente do seguinte modo: um objeto é perfeito se todo o múltiplo nele está em concordância com a unidade do seu conceito; ele é belo se sua perfeição aparece como natureza. A beleza cresce se a perfeição se torna mais composta e a natureza nada sofre com isso; pois a tarefa da liberdade torna-se mais difícil com a crescente quantidade do que foi unido e, justo por isso, mais surpreendente sua solução feliz.

Conformidade a fins, ordem, proporção, perfeição — qualidades nas quais por muito tempo acreditou-se ter encontrado a beleza — não têm rigorosamente nada a ver com a mesma.[9] Onde porém a ordem, a proporção etc. pertencem à *natureza* de uma coisa, como em tudo o que é orgânico, aí elas são também *eo ipso* invioláveis, embora não por causa delas, e sim porque são inseparáveis da natureza da coisa. Uma grosseira violação da proporção é feia, mas não porque a beleza é observância da proporção. De modo algum, e sim porque é uma violação da natureza, indica pois heteronomia. Noto em geral que todo o erro dos que buscam a beleza na proporção ou na perfeição deriva do seguinte: eles achavam que a violação das mesmas tornava o objeto feio, e disso concluíam, contra toda a lógica, que a beleza está na exata observância dessas qualidades. Mas todas essas qualidades perfazem apenas a *matéria* do belo, que pode variar em cada objeto; elas podem pertencer à verdade, a qual também é apenas matéria da beleza. A forma do belo é apenas uma exposição mais livre da verdade, da conformidade a fins, da perfeição.

Chamamos perfeito a um edifício se todas as suas partes se orientam segundo o conceito e o fim do todo e se sua *forma* tiver sido puramente determinada por sua *idéia*. Mas o chamamos belo se não precisamos do auxílio dessa idéia para compreender a forma, se ela brota de si mesma espontaneamente e sem intenção, e todas as partes parecem se limitar por si mesmas. Por isso um edifício nunca pode ser (diga-se de passagem) uma obra de arte totalmente livre, nem atingir um ideal da beleza, pois é simplesmente impossível, num edifício, que precisa de escadas, portas, chaminés, janelas e fogões, prescindir do auxílio de um conceito e, portanto, esconder a heteronomia.[10] Por isso, pode ser inteiramente pura apenas aquela beleza da arte cujo original se encontra na natureza mesma.

Um jarro é belo se, sem contradizer seu conceito, se assemelha a um livre jogo da natureza. A asa de um jarro existe apenas por causa do uso, portanto, através de um conceito; mas se o vaso deve ser belo, então essa asa tem de surgir dele tão sem coação e voluntariamente que se esqueça de sua determinação. Se este porém terminasse num ângulo reto, se o amplo bojo se estreitasse repentinamente num gargalo estreito, então essa abrupta modificação da orientação destruiria toda aparência de voluntariedade, e a autonomia do fenômeno desapareceria.

Quando se diz que uma pessoa está belamente vestida? Quando nem a roupa — através do corpo — nem o corpo — através da roupa — ferem algo em sua liberdade; quando a roupa se afigura como se nada tivesse a ver com o corpo e, no entanto, satisfaz à perfeição o seu fim. A beleza ou, antes, o gosto, considera todas as coisas como *fins em si* e simplesmente não tolera que uma sirva de meio para a outra ou suporte o jugo. No mundo estético, todo ser natural é um cidadão livre que tem os mesmos direitos em relação ao mais nobre, e não lhe é permitido ser *coagido, nem sequer por causa do todo,* tendo simplesmente de *consentir* com o todo. Nesse mundo estético, que é um mundo totalmente diferente da mais perfeita república platônica, também o casaco que eu trago no corpo me exige respeito pela sua liberdade; e ele me pede, como um criado envergonhado, que eu não deixe ninguém perceber que ele me *serve.* Em contrapartida, ele também me promete usar sua liberdade tão modestamente que a minha nada sofrerá com isso; e se ambos mantêm a palavra, então todo o mundo dirá que estou belamente vestido. Se, pelo contrário, o casaco *aperta,* então ambos perdemos, o casaco e eu, em nossa liberdade. Por isso todos os tipos de roupas *totalmente justas* e *totalmente largas* são igualmente pouco belas; pois se não levamos em conta que ambas limitam a liberdade de movimentos, o corpo, com roupa justa, mostra sua figura apenas ao custo da roupa e, com roupa larga, o casaco esconde a figura do corpo, inflando-se com a sua figura e reduzindo o seu dono a seu mero portador.

Uma bétula, um pinheiro, um choupo são belos se se erguem de modo esguio; um carvalho, se verga; a causa está em que, abandonados a si mesmos, este ama a orientação curva e aqueles, ao contrário, a orientação reta. Mas se o carvalho se mostra esguio e a bétula curvada, então ambos não são belos, pois suas orientações traem uma influência estranha, heteronomia. Ao contrário, se o choupo é vergado pelo vento, então o achamos de novo belo, pois manifesta sua liberdade através do seu esguio movimento oscilante.

Qual árvore será a preferida do pintor para usá-la em paisagens? Certamente aquela que faz da liberdade o uso que lhe é permitido em toda a técnica de sua estrutura — que não se volta como escrava para a sua vizinha, e sim, mesmo com alguma audácia, se permite algo, sai de sua ordem, virando-se teimosamente para cá ou para lá, ainda que tenha de deixar uma lacuna logo aqui e perturbar acolá através de sua impetuosa intromissão. Em contrapartida, ele passará com indiferença por aquela que sempre permanece numa única direção, ainda que a sua espécie lhe conceda liberdade mais ampla, cujas hastes permanecem cuidadosamente alinhadas, como se tivessem sido dispostas com um fio de prumo.

Em toda grande composição é necessário que o individual se limite para que o todo possa fazer efeito [*Effekt*]. Se essa limitação do individual é ao mesmo tempo um efeito [*Wirkung*] de sua liberdade, ou seja, se ele se coloca a si mesmo esse limite, então a composição é bela. A beleza é por ela mesma uma força domada; limitação a partir da força.

Uma paisagem está belamente composta se todas as partes individuais das quais ela consiste jogam entre si de tal modo que aquela se coloca a si mesma seus limites, sendo o todo, portanto, o resultado da liberdade dos elementos individuais. Numa paisagem, tudo deve estar referido ao todo, e todo elemento individual deve, no entanto, parecer estar somente sob sua própria regra e seguir sua própria vontade. Porém, é impossível que a concordância num todo não custe nenhum sacrifício por parte do elemento individual, pois a colisão da liberdade é inevitável. A montanha quererá pois lançar uma sombra sobre muitas coisas que se quer ter iluminadas; edifícios limitarão a liberdade da natureza, obstruirão a vista; os ramos serão vizinhos importunos; homens, animais, nuvens querem mover-se, pois a liberdade do vivente se manifesta apenas na ação. Em seu curso, o rio não quer admitir nenhuma lei da margem, e sim seguir a sua própria lei; numa palavra: todo elemento individual quer ter sua vontade. Mas onde permaneceria então a harmonia do todo, se cada um cuida apenas de si mesmo? Ela provém justamente de que cada um se prescreve a si mesmo, a partir da liberdade interna, a limitação de que o outro precisa para manifestar a liberdade *dele*. Uma árvore em primeiro plano poderia encobrir uma parte bela no fundo; *obrigá-la* a não fazer isso seria ofender sua liberdade e trairia um feito estúpido. Portanto, o que faz o artista sensato? Ele deixa aquele ramo da árvore, que ameaça encobrir o fundo, curvar *a partir do seu próprio peso* e, com isso, abrir lugar voluntariamente para o prospecto ao fundo; e assim a árvore realiza a vontade do artista, enquanto segue apenas a sua própria vontade.

Uma versificação é bela se cada verso individual dá a si mesmo sua dimensão, longa ou breve, seu movimento e seu ponto de repouso, se cada rima se oferece a partir de uma necessidade interna e, no entanto, resulta a propósito — em suma, se nenhuma palavra parece reparar na outra, nenhum verso parece reparar no outro, se parecem estar aí apenas por sua própria causa e, no entanto, tudo acontece como se fora combinado.

Por que o ingênuo é belo? Porque aí a natureza afirma seus direitos sobre a artificialidade e o fingimento. Quando

Virgílio nos quer deixar lançar um olhar no coração de Dido e mostrar quão longe ela chegou com o seu amor, ele teria de poder dizê-lo muito bem, como narrador, em seu nome; mas então essa apresentação também não teria sido bela. Mas quando ele nos deixa fazer a referida descoberta pela própria Dido, sem que ela tenha a intenção de ser tão sincera diante de nós (veja a conversa entre Ana e Dido no começo do quarto livro), então designamos isso como verdadeiramente belo; pois é a natureza mesma que revela o segredo.[11]

Boa é uma espécie de ensino em que se progride do conhecido ao desconhecido; ela é bela se é socrática, ou seja, se questiona as mesmas verdades a partir da cabeça e do coração do ouvinte. No primeiro, as convicções do entendimento são-lhe *exigidas* in forma, no segundo elas são-lhe *extraídas*.

Por que a linha sinuosa é tida como a mais bela?[12] Neste que é o mais simples de todos os problemas estéticos, examinei particularmente minha teoria, e tenho esse exame como decisivo, pois neste simples problema não pode haver nenhum engano através de causas secundárias.

Uma linha sinuosa, pode dizer o baumgartiano, é a mais bela porque é sensivelmente perfeita. É uma linha que sempre modifica sua direção (multiplicidade) e sempre retorna à mesma direção (unidade). Mas não fosse ela bela por nenhum motivo melhor, então a seguinte linha também teria de sê-lo:

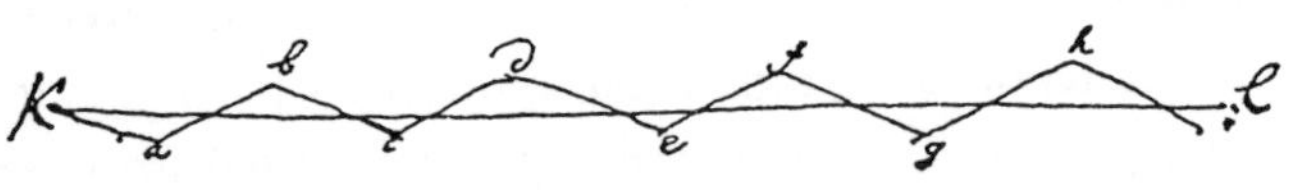

mas certamente não é bela. Também aqui está a alteração da direção; um múltiplo, a saber, a, b, c, d, e, f, g, h, i; e a unidade da direção também está aí, a qual o entendimento introduz pensando e é representada pela linha kl. Essa linha não é bela, embora seja sensivelmente perfeita.

A seguinte linha, no entanto, é uma linha bela, ou poderia sê-lo se a minha pena fosse melhor.

Pois bem, toda a diferença entre esta segunda linha e aquela é apenas a de que aquela altera ex abrupto sua direção e esta, porém, imperceptivelmente; a diferença dos seus efeitos sobre o sentimento estético tem pois de estar fundada nessa única diferença perceptível de suas qualidades. Mas o que é uma direção repentinamente alterada senão uma direção violentamente alterada? A natureza não gosta de saltos. Se a vemos dar um salto, isso mostra que ela sofreu violência. Em contrapartida, só aparece como voluntário aquele movimento em que não se pode indicar nenhum ponto determinado no qual ela tenha modificado sua direção. E esse é o caso da linha sinuosa, que se distingue daquela representada acima apenas pela sua *liberdade*.

Poderia ainda acumular exemplos suficientes para mostrar que tudo o que chamamos belo adquire este predicado apenas pela liberdade em sua técnica. Mas as provas mencionadas podem ser por ora suficientes. Porque a *beleza* não está assim presa a nenhuma matéria, e sim consiste apenas no tratamento; mas como tudo o que é representado pelos sentidos pode aparecer tecnicamente ou não, livremente ou não, segue-se disso que o âmbito do belo se estende para muito longe, pois a razão pode e tem de perguntar pela liberdade em tudo o que a sensibilidade e o entendimento representam imediatamente perante ela. Por isso o reino do gosto é um reino da liberdade — o belo mundo dos sentidos, o símbolo feliz de como o mundo moral deve ser, e todo belo ser natural além de mim, um feliz cidadão que clama para mim: Sê livre como eu.

Por isso nos perturba todo traço da despótica mão humana imposto numa livre região da natureza, assim como toda coerção no andar e nas posições por parte do mestre de dança, toda artificialidade nos costumes e maneiras, toda rudeza no trato, toda ofensa à liberdade da natureza em constituições, hábitos e leis.

É visível como o bom-tom (beleza do trato) se deixa desenvolver a partir do meu conceito da beleza. A primeira lei do bom-tom é: *trata com cuidado a liberdade alheia.* A segunda: *mostra tu mesmo liberdade.* A satisfação pontual de ambas é um problema infinitamente difícil, mas o bom-tom a exige imprescindivelmente, e apenas ela faz o perfeito homem do mundo. Não conheço nenhuma imagem mais adequada para o ideal do belo trato do que uma dança inglesa bem dançada[13] e composta por muitas voltas complicadas. Um espectador vê da galeria incontáveis movimentos que se entrecruzam da maneira mais variada, alteram viva e propositalmente sua direção e, no entanto, *nunca se chocam.* Tudo é ordenado de modo que um já deixou espaço quando o outro chega; tudo se conforma tão habilmente e, no entanto, de novo tão sem artifício, que cada um parece seguir apenas sua própria cabeça sem, no entanto, nunca se colocar no caminho do outro. É a mais acertada imagem sensível da própria liberdade afirmada e da bem tratada liberdade do outro.

Tudo o que se chama habitualmente de *rigidez* não é outra coisa senão o oposto do *livre.* Essa rigidez é o que freqüentemente tira à grandeza do entendimento, e freqüentemente mesmo à grandeza moral, seu valor *estético.* O bom-tom não perdoa essa *brutalidade* nem mesmo ao mérito mais brilhante, e a própria virtude só se torna digna de amor através da beleza. Mas não são belos um caráter ou uma ação se mostram a sensibilidade do homem, ao qual pertencem, sob a coerção da lei, ou se coagem a sensibilidade do espectador. Nesse caso infundirão apenas *respeito,* mas não *favor,* nem inclinação; mero respeito humilha quem o sente. Por isso César nos apraz muito mais do que Catão,[14] Címon mais do que Fócio,[15] Thomas Jones muito mais do que Grandison.[16] Por isso é tocante que ações movidas apenas pelo *afeto*[17] freqüentemente nos aprazam mais do que ações puramente morais, pois mostram voluntariedade, são realizadas através da natureza (do afeto), não através da razão imperiosa contra o interesse da natureza — daí, talvez, que as virtudes suaves nos aprazem mais que as heróicas, o feminino com tanta freqüência mais que o masculino; pois o caráter feminino, mesmo o mais perfeito, nunca pode agir de outro modo senão a partir da inclinação.

Escreverei uma carta específica sobre o gosto e sua influência sobre o mundo, na qual tudo isso será mais desenvolvido.[18] Por hoje, acredite, você pode ficar satisfeito com esta remessa. Agora você tem dados o bastante para pôr fundamentalmente à prova minhas idéias, e aguardo suas observações com impaciência. Adeus.

Seu S.

Notas

1. Como se lê na seção "Sobre as condições objetivas da beleza" dos *Fragmentos das preleções sobre estética de Schiller no semestre de inverno de 1792-93*: "*Técnica* é a união do múltiplo segundo fins, e é necessária à beleza, ainda que esta não se funde no ajuizamento da técnica, como *Sulzer* admite." (*NA* 21, p. 81.)

2. Ou seja, o não-ser-determinado-do-exterior.

3. Como se lê na seção "Sobre as condições objetivas da beleza" dos *Fragmentos das preleções sobre estética*: "Toda *formação* [*Bildung*] ou *forma* consiste na *limitação* e é, pois, de certo modo, uma *restrição* surgida ou por uma regra ou pelo acaso. Em todos os produtos da natureza que se referem a uma técnica encontramos a dependência recíproca das partes em sua disposição mútua. Beleza, porém, é liberdade no constrangimento, natureza na conformidade à arte; ela está presa apenas à intuição imediata; a beleza natural não se funda sobre um conceito; a técnica de um produto natural recai imediatamente sobre os olhos." (*NA* 21, p.82.)

4. Como se lê na seção "Sobre as condições objetivas da beleza" dos *Fragmentos das preleções sobre estética*: "Também o desembara-

ço, a leveza e a liberdade na técnica dos *corpos animais* são belos: sua beleza diminui quanto mais eles se aproximam da massa desajeitada, do movimento pesado. Mas como percebemos a beleza onde a massa corporal é coagida pelas forças vivas, onde a força não sucumbe sob a pressão da massa — por isso os animais voadores são como que símbolos da liberdade, suscitando geralmente sensações de beleza; nos pássaros, o pescoço é uma das partes mais belas, sua figura lisa e flexível é bela." (*NA* 21, p. 82.)

5. Schiller terminou não desenvolvendo o tema da beleza humana nas cartas a Körner, mas sim em "Sobre graça e dignidade", embora ele seja mencionado na seção "Sobre as condições objetivas da beleza" dos *Fragmentos das preleções sobre estética*: "Na *figura humana* se mostra a técnica mais complicada; nela se manifestam os fins mais diversos. A observação da proporção é pressuposta pela beleza. A figura humana é capaz de uma dupla beleza. Uma é um mero *presente da natureza* e desperta *amor*; a outra baseia-se em *qualidades éticas* e merece *respeito*. — Todos os contornos têm de mostrar ousadia e leveza; a fronte tem de arquear-se livre e aberta; o nariz não tem de formar quase nenhum ângulo da fronte para baixo e saltar para fora com força. Toda a parte inferior da face tem de ser leve e não aparecer aumentada e pressionada para baixo pelo peso da massa. Todas as tensões exageradas têm de estar afastadas. O domínio da força orgânica sobre a massa animal distingue o homem do animal. O homem é belo pela *liberdade na força*; a mulher, pela *liberdade na fraqueza*. A liberdade da forma, o resultado da força que se limita a si mesma, constitui a beleza. Assim, o Apolo do Vaticano como que *paira no ar*; pois nenhuma massa o impede de usar toda a sua força. — A rude exposição da massa é *grosseria*. A força que se mostra no *repouso* é força *contida*. — *Fraqueza*, ou seja, flexibilidade para impressões, pertence principalmente à beleza *feminina*. Assim, ela é bela se é *livre*, se não chega ao *sofrimento*, se não degenera em trejeitos faciais e não demonstra coação. O belo não carece da expressão do sofrimento, e o não-belo torna-se através deste apenas feio.

Existe uma beleza como que *orgânica* e uma [beleza] *moral*. No tocante ao respeito que temos por ambas, cabe comparar aquela e esta ao gênio e à diligência, ao dom natural e ao mérito. A beleza orgânica não pode, em verdade, ser compatível com a perversidade moral, mas sim facilmente com um vazio do espírito. A beleza *automerecida* sobrevive à juventude e deixa ver os seus traços ainda na velhice; nela se refletem a paz interior e a benevolência; ela é o efeito e a expressão de idéias éticas." (*NA* 21, p.82-3.)

6. "Possivelmente, Schiller tinha em mente aqui a concepção representada por Johann Gottfried Herder (1744-1803), Karl Philipp Moritz (1756-1793) e Goethe, de acordo com a qual a forma, como belo fenômeno, deve se desenvolver organicamente segundo leis internas" (*NA* 26, p.689).

7. Hautonomia: *Selbst-selbstbestimmung*, auto-autodeterminação.

8. Naturalmente, trata-se da primeira edição da *Crítica da faculdade do juízo* (Berlim, Lagarde und Friedrich, 1790), §45, "Arte bela é uma arte enquanto ela ao mesmo tempo parece ser natureza": "A natureza era bela se ela ao mesmo tempo parecia ser arte; e a arte somente pode ser denominada bela se nos parece ser natureza" (*CFJ*, B179). O exemplar da *Crítica da faculdade do juízo* que pertenceu a Schiller encontra-se no Arquivo da Literatura Alemã/Museu Nacional Schiller, em Marbach am Neckar, sua cidade natal. Todas as anotações à margem das páginas e os trechos sublinhados a tinta e a lápis foram cuidadosamente transcritos, numerados e publicados por Jens Kuhlenkampff. Schiller concentrou sua atenção especialmente sobre a "Introdução". A primeira parte foi igualmente estudada, mas na segunda encontra-se apenas um trecho sublinhado. Kuhlenkampff observa que, dada a freqüência com que Schiller anotara à margem de certos passos o número das páginas em que se encontram trechos correspondentes, é de se supor que ele fez excertos do texto para melhor compreendê-lo ou para auxiliá-lo no preparo do manuscrito de suas preleções, infelizmente perdido. Cf. "Friedrich Schiller. Vollständiges Verzeichnis der Randbemerkungen in seinem Handexemplar der *Kritik der Urteilskraft*", in J. Kuhlenkampff (org.), *Materialen zu Kants Kritik der Urteilskraft* (Frankfurt, Suhrkamp, 1978), p.126-44.

Como se lê na seção "Sobre as condições objetivas da beleza" dos *Fragmentos das preleções sobre estética*: "A crítica de Kant nega a objetividade do belo a partir de nenhum fundamento satisfatório, porque o juízo sobre o belo se funda sobre o *sentimento de prazer*. — A qualidade objetiva dos objetos tidos como belos tem de ser investigada e comparada. A observação das proporções não constitui a beleza mesma, mas uma condição indispensável dela. Ela não pode prescindir da correção. — A livre ação do ânimo é essencial ao efeito do belo. Segundo *Kant*, o belo é efeito da liberdade interna; segundo *Burke*, causa da mesma. A observação da conformidade a regras não é natural em todos os objetos e détem a liberdade da natureza naqueles aos quais ela [a conformidade a regras] não pertence. A conformidade a regras não pode pois valer como o conceito fundamental universal da beleza, mas sim a *liberdade*, ou seja, a qualidade determinada pela natureza de uma coisa mesma. *Kant* diz: A arte é bela se ela se parece com a natureza, e vice-versa. A *natureza* do imitado é o que esperamos numa obra de arte; a matéria tem de perder-se na forma, a realidade no fenômeno. A forma da estátua não pode perder nada através da natureza do mármore. A conformidade à arte serve apenas para tornar visível a *liberdade* também em objetos naturais que devem ser ajuizados como belos: a lembrança de uma regra deve meramente nos fazer notar a independência de um objeto da mesma. — Um esboço é belo se sua conformidade a fins parece *voluntária*." (*NA* 21, p.81.)

9. Schiller argumenta aqui contra as teses sobre a beleza defendidas pelos racionalistas dogmáticos (Wolff e seus seguidores).

10. Como se lê na seção "Sobre as condições objetivas da beleza" dos *Fragmentos das preleções sobre estética*: "A arquitetura nunca pode ser uma arte inteiramente pura, pois não pode ocultar os fins da conformidade a regras." (*NA* 21, p.81.)

11. Virgilio, *Eneida*, livro IV. Schiller traduziu esse livro da *Eneida* e o publicou na revista *Neue Thalia* (n.2 e 3, 1792), dirigida por ele.

12. Trata-se de uma referência à obra de William Hogart (1697-1764), *Analysis of Beauty* (1753, traduzida para o alemão em 1754 por C. Mylius), na qual é feito o elogio da linha sinuosa. Schiller leu essa obra por recomendação de Körner.

13. "Provavelmente, Schiller tem em mente a *anglaise*, muito estimada como dança de sociedade na segunda metade do século XVIII na França e na Alemanha." (*NA* 26, p.691.)

14. Gaius Iulius Caesar (100-44 a.C.). Marcus Porcius Cato Uticensis (95-46 a.C.), inimigo de César, preferiu suicidar-se a viver numa ditadura.

15. Címon (510-450 a.C.), poderoso político ateniense, foi condenado ao ostracismo em 462 a.C. Fócio (402-318 a.C.), discípulo de Platão e político ateniense, foi derrotado pelos macedônios, com os quais tentou em seguida uma reconciliação, razão pela qual caiu em desgraça e foi executado. Sua fidelidade a Atenas foi no entanto reconhecida depois de sua morte.

16. Como se lê na seção sobre a "Diferença entre o belo, o agradável e o bom" dos *Fragmentos das preleções sobre estética*: "Um caráter é, pois, belo se nos infunde mais *amor* do que respeito, como o caráter de César face ao de Catão, o qual mostra mais rigor intimidante e humilhante, ou como o de Tom Jones face ao de

Grandison. Por isso confundem-se freqüentemente as ações da *inclinação* com as [ações] *belas*, pois aquelas parecem custar menos à natureza. A sensibilidade tem também de aparecer como livre em ações morais, embora não o seja; a liberdade adquire aqui o predicado da beleza" (*NA* 21, p.73.). Schiller se refere nesse passo aos protagonistas dos romances de Samuel Richardson (1698-1761), *Sir Charles Grandison* (1753-54) e de Henry Fielding (1704-1754), *The History of Tom Jones, a Foundling* (1749).

17. "*Affectionierte* Handlungen", ou seja, ações movidas pela inclinação.

18. Schiller não voltou ao tema em suas cartas a Körner.

Dresden, 26 de fevereiro de 1793[1]

Que você me comunique minuciosamente os resultados de suas investigações dá-me muito prazer, e me envergonho hoje bastante por aparecer diante de você com as mãos vazias. Sua última carta é muito rica e tem de ser maduramente ponderada. Mas um acontecimento, que quero lhe contar depois, me dispersou nesses dias, e justo por causa desse acontecimento minha carta não pode ficar por mais tempo para outra oportunidade.

Sobre a relação da eticidade com a beleza compreendi-lhe melhor do que você crê. Apenas posso me ter expressado sem clareza ou correção onde falei de uma dedução da beleza a partir da eticidade. Pensava apenas que o princípio a partir do qual *você* explica a beleza como *liberdade* no fenômeno é o princípio *ulterior* da eticidade, e desejava ainda encontrar um mais distante e superior.

O que você diz sobre o afrontoso da representação do dever é para mim como que escrito a partir da alma. Esse ponto sempre me irritou no sistema de Kant. Seu exemplo tirado do campo da eticidade torna o seu conceito da beleza moral muito perceptível. Contudo, ainda sinto a falta para a beleza em geral de um tal *traço característico*, no qual seria fácil reconhecê-la. Pelo que se manifesta a autonomia no objeto? O que me obriga a procurar o fundamento da forma *nela mesma*? Desejava poder escrever-lhe alguma coisa sobre estas questões. Mas tudo está ainda demasiado obscuro para mim. Pressinto apenas a importância da relação de forma e matéria, a analogia da forma com o espiritual, a força vital em nós, talvez a fecundidade das idéias platônicas. Mas, sobre isso, depois. No entanto, envie-me apenas o que você achou.

...

Seu Körner

Notas

1. Trata-se da resposta às cartas de Schiller de 18 e 19 de fevereiro. Na verdade, esta carta de Körner cruzou-se no caminho com a carta de Schiller de 23 de fevereiro.

Iena, 28 de fevereiro de 1793

Surpreenderei você em poucas semanas com uma nova obra de Kant que o deixará muito admirado. Ela está sendo impressa aqui, e li a metade, pois é o que está pronto. O título é: *Doutrina filosófica da religião:*[1] e o conteúdo — você vai acreditar? A exegese mais arguta do conceito cristão de religião a partir de fundamentos filosóficos. Kant, como você já pôde notar nele muitas vezes, gosta muito de dar um sentido filosófico às Escrituras. Como logo se vê, trata-se para ele não só de apoiar, através disso, a autoridade da Escritura, como muito mais de referir os resultados do pensamento filosófico à razão infantil e como que popularizá-los. Ele me parece ser guiado aqui por um princípio do qual *você* gosta muito; a saber, por este: não lançar fora o existente, na medida em que dele ainda cabe esperar uma realidade, e sim antes enobrecê-lo. Estimo muito esse princípio, e você verá que Kant o honrou. Mas se ele em geral fez bem em apoiar a religião cristã mediante fundamentos filosóficos, duvido muito. Tudo o que se pode aguardar da conhecida propriedade dos defensores da religião é que eles admitirão o apoio, mas lançarão fora os fundamentos filosóficos, e assim Kant não fez nada além do que remendar o podre edifício da burrice.

De resto, o escrito me arrebatou, e mal posso esperar pelas folhas restantes. Na verdade, um dos seus primeiros princípios é revoltante para o meu, e provavelmente também para o seu, sentimento. Ele afirma a propensão do coração humano para o mal, que ele chama o mal radical,[2] e que de modo algum deve ser confundido com os atrativos da sensibilidade. Ele o coloca além da sensibilidade, na *pessoa* do homem como o lugar da liberdade. Você mesmo o lerá. Nada se pôde objetar contra suas provas, por mais que se quisesse.

De resto, os teólogos ser-lhe-ão pouco gratos, pois ele suprime toda a autoridade própria da fé da Igreja e torna a pura fé da razão no seu supremo intérprete; também dá a entender claramente que a fé da Igreja é apenas de validade subjetiva, e que seria melhor se ela pudesse ser dispensada. Mas porque está convencido de que ela não é dispensável, e nem tão cedo viria a sê-lo, ele torna um dever de consciência respeitá-la. O logos, a salvação (como mito filosófico), a representação do céu e do inferno, o reino de Deus e todas essas representações estão explicadas da maneira mais feliz.

Não sei se já lhe escrevi que trato de fazer uma *Teodicéia.*[3] Se possível, cuidarei disso ainda nesta primavera, para incorporá-la aos meus poemas, dos quais promovo neste verão uma bela edição pelo Crusius.[4] Alegro-me muito pela Teodicéia, pois a nova filosofia é, perante a leibniziana, muito mais poética e possui um caráter bem maior.[5] Além dessa Teodicéia, estou ainda com um outro poema, de conteúdo igualmente filosófico, do qual há ainda mais a esperar.[6] Mas sobre isso não posso ainda lhe escrever nada agora. Se minhas circunstâncias permitirem, ainda vou incluí-lo em minha coletânea.

Se você puder receber *Jacques e seu senhor,* de Diderot, que Mylius traduziu (pois ele ainda não foi publicado em francês), então o leia.[7] Ele proporcionará muitas alegrias também a Minna. Deleitei-me muito com ele. Neste verão estamos hospedados fora da cidade, numa agradável casa de campo. Minha segunda irmã estará aqui, e talvez a retenha comigo. Viverei então mais en famille e com menos barulho ao meu redor, pois não mais terei convivas à mesa. Como minha mulher também freqüentemente não está bem, para mim é um consolo ter ao meu redor alguém ligado a mim e que está sempre saudável. Se viajo no verão ou no outono para minha terra natal, dependerá da minha saúde, que já há três semanas não recebe da melhor maneira a influência da primavera.

Se ainda encontrar tempo, apresentarei a continuação de minha teoria. Mas agora é a sua vez de raciocinar sobre ela. Mil saudações cordiais a todos.

Seu S.

1º de março de 1793

...

A carta inclusa já estava pronta antes de a sua ter chegado. Portanto, acrescento-a aqui. Meu último pacote[8] deve responder à primeira parte da sua carta, como espero.

Seu S.

O belo da arte

Ele é de duas espécies: a) O belo da escolha ou do material — imitação do belo natural. b) O belo da apresentação ou da forma — imitação da natureza. Sem o último não há nenhum artista. Ambos unidos fazem o grande artista.

O belo da forma ou da apresentação é *próprio* unicamente à arte. "O belo da *natureza*, diz Kant muito corretamente, é uma coisa bela; o belo da arte é uma bela representação de uma coisa."[9] O belo ideal da arte, poder-se-ia acrescentar, é uma bela representação de uma coisa bela.

No belo da escolha é visto *o que* o artista apresenta. No belo da forma (a beleza da arte stricte sic dicta) é visto apenas *como* ele apresenta. O primeiro, pode-se dizer, é uma livre apresentação da beleza; o segundo, uma livre apresentação da verdade.

Como o primeiro se limita mais às condições do belo natural, mas o último pertence propriamente à arte, trato então deste último; pois primeiramente tem de ser mostrado o que o artista faz em geral, antes que se fale do grande artista.

Belo é um produto da natureza se aparece livremente em sua conformidade à arte.

Belo é um produto da arte se apresenta livremente um produto da natureza.

Liberdade da apresentação é pois o conceito com o qual temos de nos haver aqui.

Descreve-se um objeto quando se transformam em conceitos as características que o tornam cognoscível, conectando-as à unidade do conhecimento.

Apresenta-se um objeto quando as características conectadas são expostas imediatamente na intuição.

A faculdade das intuições é a imaginação. Um objeto chama-se pois apresentado quando a representação do mesmo é trazida imediatamente diante da imaginação.

Livre é uma coisa que está determinada por ela mesma ou assim aparece.

Livremente apresentado chama-se pois um objeto quando é posto diante da imaginação como determinado por si mesmo.

Mas como pode ele ser posto diante dela como determinado por si mesmo, já que ele nem sequer está aí, e sim é apenas imitado num outro, já que não se representa em pessoa, e sim através de um representante?

O belo artístico, a saber, não é a própria natureza, e sim apenas uma imitação da mesma num *medium* materialiter totalmente diferente do *imitado. Imitação* é a semelhança formal do materialmente diferente.

NB. Arquitetura, bela mecânica, arte da jardinagem, arte da dança e similares não podem ser válidas para nenhuma objeção, pois que também essas artes se subordinem ao mesmo princípio, embora não imitem um produto da natureza ou não precisem de nenhum medium para isso, tornar-se-á muito evidente no que se segue.

A natureza do objeto é pois representada na arte, não em sua personalidade e individualidade, e sim através de um *medium* que, por sua vez,

a) tem sua própria individualidade e natureza,

b) depende do artista, que deve ser considerado como uma natureza própria.

O objeto é pois colocado diante da imaginação por uma *terceira* mão; e como tanto o material, no qual ele é imitado, como o artista, que elabora esse material, possuem sua própria natureza e agem segundo suas próprias naturezas — como é possível que a natureza do objeto possa ser, não obstante, representada puramente e determinada por si mesma?

O objeto a apresentar perde sua vitalidade; ele mesmo não está presente, e sim sua causa é conduzida por um material que lhe é totalmente estranho e não semelhante, da qual depende o quanto aquele deve salvar ou perder de sua individualidade.

Assim, pois, *intervém* a estranha natureza do material, e não unicamente ela, como também a igualmente estranha natureza do artista, a quem cabe dar a esta matéria sua forma. Todas as coisas atuam, porém, necessariamente segundo a sua natureza.

Estão pois aqui três naturezas que lutam umas com as outras. A natureza da coisa a apresentar, a natureza do material da apresentação e a natureza do artista, que deve fazer com que aquelas duas concordem.

É apenas a natureza do imitado o que esperamos encontrar num produto da arte; e isso quer propriamente dizer a expressão segundo a qual ele é representado à imaginação como determinado por si mesmo. Mas tão logo o *material* ou o *artista* interferem com suas naturezas, o objeto apresentado não mais aparece como determinado por si mesmo, e sim a heteronomia se faz presente. A natureza do representado sofre violência do representante tão logo este faz valer com isso sua natureza. Um objeto pode pois chamar-se *livremente apresentado* apenas se a natureza do apresentado nada sofreu da natureza do apresentador.

A natureza do medium ou do material tem de aparecer pois inteiramente vencida pela natureza do imitado. Pois bem, mas é apenas a *forma* do imitado que pode ser transposta para o elemento imitador; portanto, é a forma que tem de ter vencido o material na apresentação artística.

Numa obra de arte, portanto, o *material* (a natureza do elemento imitador) tem de se perder na *forma* (do imitado), o *corpo* na *idéia,* a *efetividade* no *fenômeno.*

O corpo na idéia: pois a natureza do imitado não é nada de corpóreo no material do elemento imitador; ela [a natureza] existe no mesmo apenas como idéia, e tudo o que nela é corpóreo pertence apenas a ele mesmo e não ao imitado.

A efetividade no fenômeno: efetividade chama-se aqui o *real* [*das Reale*], o qual é apenas a *matéria* [*Materie*] numa obra de arte e tem de ser contraposto ao *formal* ou à idéia que o artista executa nessa matéria. Numa obra de arte, a forma é apenas fenômeno, ou seja, o mármore *parece* um homem, mas permanece, na efetividade, mármore.

Livre seria pois a apresentação se a natureza do medium aparecesse inteiramente aniquilada pela natureza do imitado, se o *imitado* afirmasse sua personalidade pura também no seu representante, se o representador, através de uma completa renúncia ou, antes, através de uma *renegação* de sua natureza, parecesse tê-la trocado completamente com o representado — em suma — se nada existisse pelo material e sim tudo pela forma.

Se numa estátua há um único traço que trai a pedra, que portanto está fundado não na idéia, e sim na natureza da matéria, então a beleza sofre; pois a heteronomia se faz presente.[10] A natureza do mármore, que é dura e áspera, tem de estar inteiramente submersa na natureza da carne, que é

Nas artes plásticas e do desenho salta aos olhos, fácil e freqüentemente, o quanto sofre a natureza do que deve ser apresentado se a natureza do medium não está inteiramente dominada. Mas poderia ser mais difícil aplicar esse princípio também à apresentação *poética,* a qual tem de ser simplesmente dele deduzida. Tentarei lhe oferecer uma idéia disso.

Também aqui, compreende-se, não se trata de modo algum da *beleza da escolha,* e sim apenas da *beleza da apresentação.* É pois pressuposto que, em sua imaginação, o poeta entendeu *verdadeira, pura* e *inteiramente* toda a objetividade do seu objeto [*Gegenstand*] — o objeto [*Objekt*] já se encontra *idealizado* (ou seja, transformado em forma pura) diante da sua alma, e trata-se apenas de *apresentá-lo exteriormente.* Para isso é pois exigido que esse objeto do seu ânimo não sofra nenhuma heteronomia por parte da natureza do medium no qual é apresentado.

O medium do poeta são as *palavras;* portanto, signos abstratos para espécies, gêneros, nunca para indivíduos; e cujas relações são determinadas por *regras,* das quais a *gramática* contém o sistema. Que entre as coisas e as palavras não haja nenhuma similaridade (identidade) *material,* não representa nenhuma dificuldade; pois esta também não se encontra entre a *estátua* e o *homem* cuja apresentação ela é. Mas também a similaridade (imitação) apenas *formal* entre palavras e coisas não é tão fácil. A coisa e a sua expressão verbal são meramente contingentes e arbitrárias (descontados poucos casos), estão ligadas umas às outras apenas por acordo. No entanto, também isso não significa muito, pois não se trata do que a palavra é em si mesma, e sim de qual representação ela desperta. Se houvessem pois em geral apenas palavras ou frases que representassem o caráter mais individual das coisas, suas relações mais individuais e, em suma, toda a peculiaridade objetiva do individual, então seria irrelevante se isso acontecesse por *conveniência* ou por necessidade interna.

Mas é justo isso o que falta. Tanto as palavras quanto suas leis de flexão e de conexão são coisas totalmente universais que servem de signo, não a *um* indivíduo, e sim a um número infinito de indivíduos. Ainda mais precária é a designação das *relações,* que é efetuada segundo regras aplicáveis ao mesmo tempo a casos incontáveis e totalmente heterogêneos, que são ajustadas a uma representação individual apenas através de uma operação particular do entendimento. Antes de ser levado diante da imaginação e transformado numa intuição, o objeto a ser apresentado tem pois de *tomar um desvio bastante longo* através da região abstrata dos conceitos, no qual perde muito de sua vivacidade (força sensível). O poeta não tem em parte alguma nenhum outro meio para apresentar o particular senão a *composição* artificial *do universal* [*die künstliche Zusammensetzung des Allgemeinen*]. "Tomba o castiçal que tenho justo agora diante de mim" é um tal caso individual, expresso através da ligação de puros signos universais.

A *natureza* do medium, do qual o poeta se serve, consiste pois "numa tendência para o *universal*", estando por isso em conflito com a designação do individual (que é o problema). A linguagem coloca tudo diante do *entendimento,* e o poeta deve trazer (apresentar) tudo diante da *imaginação*; a arte da poesia quer *intuições,* a linguagem oferece apenas *conceitos.*

A linguagem rouba pois ao objeto, cuja apresentação lhe é confiada, sua sensibilidade e individualidade e imprime nele uma qualidade dela mesma (universalidade), que lhe é estranha. Ela mistura — para servir-me da minha terminologia — na natureza do que deve ser apresentado, que é sensível, a natureza do elemento da apresentação, que é abstrata, e traz assim heteronomia à apresentação do mesmo. O objeto é pois representado à imaginação não como determinado por si mesmo, portanto não como livre, e sim moldado pelo gênio da linguagem, ou é tão-somente trazido diante do entendimento; e, assim, ou ele não é apresentado livremente, ou não é de modo algum apresentado, e sim apenas descrito.[15]

Se uma apresentação poética deve pois ser livre, então o poeta tem de *"superar a tendência da linguagem para o universal pela grandeza de sua arte e vencer o material* (palavras e suas leis de flexão e construção) *pela forma* (a saber, pela aplicação da mesma)." A natureza da linguagem (precisamente essa sua tendência para o universal) tem de submergir inteiramente na forma que lhe é dada, o corpo tem de se perder na idéia, o signo no designado, a efetividade no fenômeno. O que deve ser apresentado tem de surgir livre e vitorioso do elemento de apresentação e, apesar de todos os grilhões da linguagem, estar presente em toda a sua verdade, vivacidade e personalidade diante da imaginação. Numa palavra: a beleza da apresentação poética é *"a livre auto-ação da natureza nos grilhões* da linguagem."

(Continuação no próximo dia de correio.)

Notas

1. Trata-se da obra *A religião nos limites da simples razão*, que vinha sendo impressa em Iena por Johann Gottfried Göpferdt para o editor de Kant em Königsberg, Friedrich Nicolovius.

2. Na verdade, a primeira parte dessa obra de Kant havia sido publicada no número de abril de 1792 da *Berlinische Monatsschrift*.

3. Schiller não realizou esse projeto.

4. Embora Schiler tivesse proposto a Crusius essa edição de uma reunião dos seus poemas já em março de 1789, ela foi publicada apenas em 1801-1803, em dois volumes.

5. A "nova filosofia" é, naturalmente, a de Kant, cujas teses acerca do caráter indemonstrável das idéias de Deus, da liberdade e da imortalidade, tornadas em postulados da razão prática, são contrapostas aqui à teodicéia de Leibniz.

6. Também esse poema não foi escrito.

7. "Denis Diderot (1713-1784) escrevera o romance *Jacques, le fataliste et son maître* em 1773-1775, mas não o publicou em vida.

O manuscrito fora cedido a um amigo, Friedrich Melchior von Grimm (1723-1807), que o acolheu em sua *Correspondence littéraire, philosophique et critique, adressée à un Souverain d'Allemagne*, de novembro de 1778 a junho de 1780. Através de Wolfgang Heribert von Dalberg (1750-1806), o intendente do Teatro de Mannheim, Schiller chegara havia muito tempo à posse do texto francês, do qual traduziu a história da Senhora de Pommeraye, publicando-a na *Rheinische Thalia* (p. 27-94, março de 1785), sob o título 'Notável exemplo de uma vingança feminina. (Extraído de um manuscrito do finado Diderot)'. O editor berlinense Johann Friedrich Unger (1753-1804) publicou uma tradução integral de Wilhelm Christhelf Siegmund Mylius (1754-1827) em dois volumes: *Jakob und sein Herr — aus Diderots ungedruckten Nachlasse* (cf. Roland Mortier: *Diderot in Deutschland 1750 bis 1850*. Stuttgart, 1967, p.191-5, 199-200)" (*NA* 26, p. 698).

8. Trata-se da longa carta a Körner de 23 de fevereiro.

9. *CFJ*, §48, "Da relação do gênio com o gosto", onde se lê: "Uma beleza da natureza é uma *coisa bela*; a beleza da arte é uma *representação bela* de uma coisa" (B188).

10. Como se lê na seção "Sobre as condições objetivas da beleza" dos *Fragmentos das preleções sobre estética de Schiller no semestre de inverno de 1792-93*: "Uma apresentação seria *livre* se o apresentado parecesse *agir por si mesmo* e a matéria se ter permutado inteiramente com o que se deve apresentar. No entanto, apenas a *aparência* pode ter lugar aqui. A natureza do medium, do material, tem de estar inteiramente coagida; assim, por exemplo, o mármore não tem de ser visível numa estátua, nem o caráter próprio natural no ator" (*NA* 21, p.83).

11. "Na antiga literatura italiana sobre a arte, o conceito 'maniera' era uma designação valorativamente indiferente para o modo de produção individual de cada artista. No século XVII, o conteúdo mudou; desde então, a palavra foi usada num sentido desaprovador. — O conceito de 'estilo', proveniente da retórica antiga, foi transposto, no século XVII, na Itália, às artes plásticas e empregado no antigo significado da designação, entrementes desvalorizada, de 'maniera'. A utilização feita por Schiller de ambos os conceitos como níveis de valor ocorreu talvez apoiando-se no artigo de Goethe, 'Simples imitação da natureza, maneira, estilo' (publicado em 1789 no número de fevereiro de *Teutschen Merkur*, p.113-20). No entanto, enquanto Schiller entendeu a designação 'maneira' como um juízo desaprovador, Goethe a viu 'num sentido alto e respeitável' (p.120) como uma especificidade possível das capacidades ar-

tísticas. O conceito de 'estilo' é usado por Goethe, como por Schiller, 'para designar o grau supremo, o qual a arte jamais atingiu e jamais pode atingir' (p.200), pois ele 'se baseia nos mais profundos alicerces do conhecimento, na essência das coisas, na medida em que nos é permitido reconhecê-lo em configurações visíveis e palpáveis' (p.116)" (*NA* 26, p.702).

12.Hans Conrad Ekhof (1720-1778) e Friedrich Ludwig Schröder (1744-1816). Schiller nunca viu esses famosos atores em cena.

13.Johanna Dorothea Sophie Albrecht (1757-1840). Schiller a conheceu em 1784, em Frankfurt, por ocasião de uma montagem de *Intriga e amor*, na qual ela desempenhou o papel de Luise Millerin. A atriz participou da primeira montagem de *Don Carlos*, em Dresden, a 18 de fevereiro de 1789, assistida por Körner. Supõe-se que a opinião de Körner (em carta a Schiller de 19 de fevereiro de 1789) sobre sua afetada atuação influenciou o juízo de Schiller (*NA* 26, p.703).

14.Friedrich Brückl (1756-1814). Contracenou com Madame Sophie em *Don Carlos*, no papel do rei Felipe. Sua atuação também foi criticada por Körner na carta a Schiller de 19 de fevereiro de 1789.

15.Como se lê na seção "Sobre as condições objetivas da beleza" dos *Fragmentos das preleções sobre estética*: "A tendência à universalidade, a qual subjaz à natureza de sua linguagem resistente à individualidade, é algo que o poeta tem de procurar ultrapassar para que o apresentado apareça em sua verdadeira *singularidade* [*Eingenthümlichkeit*]. A beleza na poesia é a *livre auto-ação* na natureza *apresentada* pela linguagem. A apresentação é então bela se permitiu as menores limitações pela singularidade do apresentador. O fim da apresentação *para outros* traz *heteronomia* à obra de arte e causa fácil prejuízo à sua beleza. — A *liberdade* da apresentação poética baseia-se na independência do apresentado em face da singularidade da linguagem, do apresentador e do fim externo da obra de arte. O poeta se afasta da primeira dependência, da natureza abstrata da linguagem, porque busca *individualizar* o objeto; por exemplo, freqüentemente toma a parte pelo todo, o efeito pela causa, na medida em que assim ganha em perceptibilidade. Assim, a presentificação do distante serve também à apresentação intuível da natureza auto-ativa. Desta espécie é, além disso, a analogia das representações e sensações, sobretudo em objetos não sensíveis. Aqui impera a liberdade das metáforas. O poeta encadeia imagem com imagem, em que Homero foi o mais profuso; Virgílio escolheu as metáforas com mais felicidade, usando-as com mais economia. Assim surge a expressão mais viva. — O poeta atém-se ao sensível para tornar intuível o não-sensível, e busca mediante imagens semelhantes suscitar estados de ânimo semelhantes, como, por exemplo, na "Eternidade", de *Haller*. — *Personalidade* é, além disso, a compensação que é dada ao objeto natural para o que ele perde através da natureza abstrata da linguagem. A linguagem, que é rica em tais personificações, é uma linguagem *poética*. Assim, a mitologia grega apresentou quase todas as ações da natureza como ações de seres livres, e tornou-se quase indispensável à arte poética. Também a expressão na linguagem mesma contribui para a sensificação dos objetos. As regras da gramática limitam menos o poeta; ele as sacrifica à natureza; sua construção dos períodos torna-se sem regras; assim, por exemplo, o uso mais freqüente ou a supressão das conjunções é muitas vezes natural e conforme a fins. De vez em quando a linguagem mói o objeto mesmo. Freqüentemente, o caráter objetivo de um objeto é vivificado na linguagem através do caráter subjetivo da expressão; por exemplo, através do clímax" (*NA* 21, p.83-4).

Apêndice

Até que ponto a idéia segundo a qual a beleza é perfeição com liberdade pode ser aplicada a naturezas orgânicas

Johann Wolfgang von Goethe

Um ser orgânico é tão multifacetado no seu exterior e tão variado e inesgotável no seu interior que não se podem escolher pontos de vista suficientes para examiná-lo, nem se podem formar em si mesmo órgãos suficientes para desmembrá-lo sem matá-lo. Tento aplicar a naturezas orgânicas a idéia segundo a qual a beleza é perfeição com liberdade.

As partes do corpo de todas as criaturas são de tal modo formadas que elas fruem sua existência, podem conservá-la e reproduzi-la, e nesse sentido todo ser vivo deve ser chamado perfeito. Desta vez volto-me imediatamente para os assim chamados animais perfeitos.

Se as partes do animal estão formadas de tal modo que essa criatura pode manifestar sua existência apenas de maneira muito limitada, então acharemos feio esse animal: pois através da limitação da natureza orgânica voltada para um único fim, a preponderância de uma e da outra parte é conseguida, de modo que assim o uso arbitrário das partes restantes tem de ser impedido.

Enquanto observo esse animal, minha atenção é voltada para aquelas partes que têm uma preponderância sobre as restantes, e a criatura não pode oferecer-me nenhuma impressão harmoniosa, pois não possui nenhuma harmonia. Assim a toupeira seria perfeita, mas feia, pois sua figura lhe permite apenas poucas e limitadas ações, e a preponderância de certas partes a torna totalmente informe.

Portanto, para que um animal possa satisfazer sem entraves apenas os limitados carecimentos necessários, é preciso que ele já seja perfeitamente organizado; somente se, além da satisfação dos carecimentos, ainda lhe resta tanta força e capacidade para empreender ações arbitrárias, de certo modo sem finalidade, então ele nos oferece também externamente o conceito da beleza.

Se digo pois que esse animal é belo, então esforçar-me-ia em vão em querer provar esta afirmação através de alguma proporção de número ou de medida. Com isso digo antes apenas o seguinte: nesse animal as partes encontram-se todas numa tal relação que nenhuma impede a outra em sua ação; sim, que antes, através de um perfeito equilíbrio das mesmas, necessidade e carecimento foram ocultados e totalmente escondidos diante dos meus olhos, de modo que o animal parece agir e atuar apenas segundo seu livre arbítrio. Que se lembre de um cavalo usando seus membros em liberdade.

Ora, se nos voltamos para o homem, o encontramos por fim quase desatado das amarras da animalidade, suas partes numa delicada subordinação e coordenação, e mais do que as partes de um outro animal, submetidas à vontade, e não destinado apenas a todas as espécies de feitos, mas também à expressão espiritual. Lanço aqui apenas um olhar para a linguagem dos gestos, que é reprimida por homens bem-educados, e que na minha opinião eleva o homem sobre o animal tão bem quanto a linguagem verbal.

Para que se forme por esse caminho o conceito de um belo homem, incontáveis relações têm de ser levadas em consideração, e sem dúvida deve-se fazer uma grande caminhada até o alto conceito da liberdade da perfeição humana, que pode ser coroada também no plano sensível.

Tenho de observar ainda uma coisa aqui. Chamamos um animal de belo se ele nos oferece o conceito de que *pode* usar suas partes segundo o arbítrio; tão logo se serve delas realmente segundo o arbítrio, a idéia do belo é imediatamente tragada pela sensação do bem-comportado, do agradável, do leve, do magnífico etc. Vê-se pois que na beleza a *tranqüilida-*

de entra propriamente em embate com a *força*, a *inatividade* com a *capacidade*.

Se num corpo ou numa parte dele o pensamento da manifestação da força está vinculado com grande proximidade à existência, então o gênio do belo parece nos escapar imediatamente; por isso, mesmo os antigos moldaram seus leões no mais elevado grau de tranqüilidade e indiferença, para também aqui atrair o nosso sentimento, com o qual abarcamos a beleza.

Gostaria pois de dizer: chamamos belo a um ser perfeitamente organizado se podemos imaginar pelo seu aspecto *que lhe é possível um uso diversificado e livre de todas as suas partes tão logo ele o queira*; o mais alto sentimento da beleza está com isso ligado ao sentimento de confiança e esperança.

Deveria parecer-me que um ensaio sobre as figuras animal e humana teria de oferecer por essa via belas visões e apresentar interessantes relações.

Particularmente, como já foi pensado acima, o conceito de proporção, que sempre acreditamos expressar através de número e medida, seria assim posto em fórmulas mais espirituais, e é de se esperar que essas fórmulas, ao mesmo tempo, coincidam por fim com o procedimento dos grandes artistas, cujas obras permaneceram para nós, e abarquem os belos produtos da natureza que, de tempos em tempos, se deixam ver vivamente entre nós.

Sumamente interessante será então a observação de como se podem produzir caracteres sem sair do círculo da beleza, de como se podem deixar aparecer limitação e determinação especialmente sem causar dano à liberdade.

Um tal tratamento, para distinguir-se de outros e ter para os futuros amigos da natureza e da arte um verdadeiro proveito como trabalho prévio, teria de ter um fundamento anatômico e fisiológico; no entanto, para a apresentação de um todo tão variado e tão maravilhoso é muito difícil imaginar a possibilidade da forma de uma exposição adequada.

Agradecimentos

Este trabalho contou com o apoio de uma bolsa de produtividade em pesquisa do CNPq, do Prociência — o programa de dedicação exclusiva dos docentes da Universidade do Estado do Rio de Janeiro — e do Schiller Nationalmuseum / Deutsches Literaturarchiv, em Marbach am Neckar, do qual fui bolsista em fevereiro e março de 2000. Sou particularmente grato ao dr. Christoph König pela acolhida e à sra. Geißler-Howe, então bibliotecária do Archiv, pelo auxílio diário, sempre eficiente e bem-humorado.

Aos alunos do curso de graduação em Filosofia da Uerj, que por dois semestres acompanharam seminários sobre Schiller nos quais esta tradução foi lida e comentada, agradeço pela paciência e pelas sugestões dos ouvidos mais afinados; à minha amiga Virginia Figueiredo, pelo constante incentivo para a realização deste trabalho; e a Pedro Costa Rego e Roberto Machado, por criarem as condições para a sua publicação.

RICARDO BARBOSA

Doutor em filosofia, PUC-RJ

Professor adjunto, Depto. de Filosofia/Uerj

Rio de Janeiro, janeiro-fevereiro de 2002

Este livro foi composto por TopTextos Edições Gráficas, em Agaramond e ITC Legacy, e impresso por Geográfica Editora em setembro de 2002.